Postres veganos

DENISE DAVIS-GUILLAIN

Redbook ediciones

© 2019, Redbook Ediciones, s. l., Barcelona

Diseño de cubierta: Regina Richling
Diseño de interior: Primo Tempo

ISBN: 978-84-9917-568-3

Depósito legal: B-16.729-2019

Impreso por Sagrafic, Passatge Carsi 6, 08025 Barcelona

Impreso en España - *Printed in Spain*

Í N D I C E

Cómo comenzó el movimiento vegano

Cuando una persona dice que es «vegetariana», lo normal es que se refiera a que es ovolactovegetariano. En general se considera que un vegetariano es aquel que no consume carne ni pescado, pero sí huevos y lácteos. Sin embargo, con la palabra «vegetariano» nos quedamos con una parte pequeña de todo lo que abarca el veganismo.

¿Qué quiere decir "ser vegano"?

Un vegano es una persona que ha decidido no consumir, utilizar ni explotar a los animales de forma alguna. En ningún ámbito y en ningún momento. Aparentemente sería muy parecido, pero en realidad va mucho más allá de una elección gastronómica o de una opción más saludable y dietética, porque el movimiento vegano contiene unas implicaciones, ecológicas, económicas, sociales políticas y filosóficas de amplio alcance y de una gran repercusión para el planeta y todos los seres vivos que moramos en él.

Puede parecer un tanto utópico: lo es, realmente. Por eso se dice que sólo podemos aspirar a ser, al día de hoy, "veganos imperfectos".

Aunque se defina como dieta, o como estilo de vida, como postura ética o política, posee algo de todo ello. Es difícil encontrarse con un grupo de veganos homogéneos. Podemos conocer, por ejemplo, personas veganas que son fumadores y suelen beber alcohol a menudo. Otros grupos hacen del veganismo un modo de vida frugal y otros ponen por delante las cuestiones de salud…

De todas formas, las primeras generaciones educadas en el veganismo están ahora creciendo y no son muy numerosas, así que la mayoría de personas veganas se han criado como no-veganos o carnivoristas. Somos pocos los vegetarianos o veganos de segunda o tercera generación. Son bastantes los padres que hoy se encuentran con dificultades para encontrar una escuela adecuada para sus hijos en este sentido. Vivimos una situación de "provisionalidad" desde hace décadas. La gran diferencia es que hoy ser vegano es una opción respetada, que en nuestro país se considera que seguimos —a falta de estadísticas fiables— alrededor de un 5-6% de la población.

Más allá, pues, de tendencias políticas, de creencias o de aspectos culturales, compartimos una educación en la que el punto de unión es el de una postura ética ante el consumo de animales. El grupo que conformamos los veganos en el mundo es heterogéneo porque nuestras motivaciones también lo son. Nuestra postura ética —el reconocimiento de que los animales no son diferentes en derechos a los humanos— nos mueve en la misma dirección. Esa afirmación de igualdad entre todos los animales, humanos y no-humanos, es lo que se llama antiespecismo. Hay tres grandes motivaciones, que suelen utilizarse para "clasificar" a los veganos:

■ **Animalismo.** Te mueve la compasión por los animales.
■ **Ecología.** Quieres salvar el planeta de la degradación provocada por los humanos.
■ **Salud y dietética.** Comer mejor para vivir mejor, y de forma más respetuosa con los demás.

Todas estas razones, y algunas más, son válidas para dar el paso. ¿Por qué lo están dando, por qué lo ponen en práctica tantas personas hoy en día? Puede ser por cierto hartazgo ante el consumismo, o incluso como moda, pero lo cierto es que está siendo determinante el visionado de documentales animalistas como "Cowspiracy" (Netflix). Hay bastantes más: todos ellos muestran en general, o de manera concreta, el maltrato al que hemos llegado los humanos sobre los animales no humanos, cosificándolos hasta extremos increíbles y fuera de toda razón.

Especismo, cocina y cultura

El veganismo va mucho más allá del contenido de nuestra nevera, pero es habitual comenzar con la eliminación de la carne del menú, planteándote qué comes e investigando cómo llega la comida a tu plato.

La cultura y la religión son también dos motores importantes del vegetarianismo. Por ejemplo, la India es el país que encabeza el ranking de población vegetariana mundial, tanto en porcentaje (según la FAO, del 20 al 42%) como en número total de habitantes.

Diferentes estudios indican que, incluso entre quienes consumen carne, hay un 30% que lo hace con poca frecuencia. Además, el porcentaje de personas veganas (que no comen carne, pero tampoco lácteos, huevos o miel) también es muy alto.

Allí el vegetarianismo está bien organizado desde hace años, así que lo habitual es que los productos vayan marcados con un punto verde si son vegetarianos o con un punto marrón o rojizo si no lo son. También hay algunos productos definidos como vegetarianos «puros», ya que la mayor parte de la población india vegetariana es lactovegetariana, es decir, su comida suele incorporar lácteos. No es nada extraño, ya que tanto el hinduismo como el jainismo son religiones con mucho peso en el país. Estas dos creencias comparten el principio filosófico ahimsa de noviolencia y de respeto a la vida.

Ética y acción directa

Así pues, como decimos, el veganismo es un estilo de vida en el cual se excluyen todas las formas de explotación y crueldad hacia los animales, cualquiera sea el fin. Es un **vegetarianismo netamente ético**, que va más allá de no consumir productos animales: carne, pescado, aves, huevos, leche, miel o sus subproductos como la gelatina, suero, grasas, etc.

El veganismo significa **acción directa**, pues es la base para acabar con la esclavitud de miles de millones de seres sensibles, de los que se dispone para comida, vestimenta, entretenimiento o experimentación, haciendo consistente la idea de respeto por los otros animales.

Junto a la manera de alimentarse, la **dieta**, encontramos también un **estilo de vida** de forma más marcada: las personas veganas también excluyen las **vestimentas** animales (cuero, lana, seda y pieles), los **productos testados en animales** (cosméticos, medicamentos, productos de limpieza,

Activismo vegano en Londres.

etc.), y la tendencia a seguir una medicina holística auto responsable, que no utiliza animales para experimentación y pide que se salven vidas humanas sin torturar vidas no humanas.

Los veganos rechazamos la venta de animales, que siempre significa asignarles un valor instrumental, incluso cuando se hace para servir de «compañía». Como es natural, estamos a favor del buen cuidado de las mascotas ¡en cada caso y en todos los casos!

Cómo empezó todo

Los orígenes del movimiento vegano están en Inglaterra. En 1944, en Londres, Donald Watson, junto a otros 6 miembros, fundó la primera sociedad vegana del mundo. Su objetivo principal era diferenciarse de los vegetarianos, que en realidad deberían ser llamados «ovolacto-vegetarianos» debido a su consumo de lácteos, o huevos, o ambos.

La etimología de la palabra «veganismo» proviene del término inglés vegan, que a su vez deriva de VEGetariAN (utilizando las tres primeras y las dos últimas letras). Más allá del aporte al equilibrio psicofísico del ser humano, el veganismo conduce a una coherencia ética en la causa por los derechos animales: «Lo que les hacemos, nos lo hacemos».

De los animales al planeta

A los millones de víctimas «no humanas» se suma la destrucción medio ambiental originada en la cría de animales y la pesada carga que la ingesta de productos animales tiene en la generación de enfermedades.

De ahí el repetido slogan de: «Hazte vegano: por los animales, por el medio ambiente, por la salud»… y por una racionalización en la producción y consumo de alimentos (se puede eliminar así la escasez de forma definitiva).

En efecto, tanto para la salud como para la economía global y la manera de vivir se produciría un cambio auténticamente revolucionario en caso de seguir una dieta sin productos animales.

Esta revolución de los cereales y vegetales en general, y la forma de combinarlos para aumentar su valor proteico, fue explicada por la dietista norteamericana Frances Moore Lappé en la década de 1970. Recibió el Premio Nobel Alternativo 1987 por su obra «Diet for a Small Planet».*

---

* Los *Right Livelihood Awards* fueron creados tras comprobar la politización y devaluación de algunos premios Nobel. Frances Moore Lappé también fue seleccionada como una de las «Doce mujeres cuyas palabras han cambiado el mundo», por la Women's National Book Association de EE.UU.

Torturar los ojos de los animales para experimentos innecesarios de cosmética.

Un movimiento amplio

Las personas que eligen el veganismo lo hacen por esas tres razones básicas, en su conjunto o por separado. Sin embargo, los lacto-ovo-vegetarianos argumentan que también ellos han contribuido a estos avances a lo largo de los siglos.

Existen, al menos en el Centro y Norte de Europa, países con gran tradición naturista-vegetariana que son grandes consumidores de lácteos, y cuya producción no sería tan dramática, como en el caso de las granjas biodinámicas.

En todo caso, es importantísimo reconocer la importancia de la alimentación y educación vegetarianas en los niños, si queremos lograr cambios importantes en el mundo.

Cambios posibles

En todo caso no es fácil ser un vegano «perfecto»: hemos construido un mundo dependiente de la vida animal, al no valorarla más que como medio para nuestros propios fines.

Es decir, empleamos modelos de producción y actuamos de manera tal que cuando no son ellos los destruidos, invadimos, contaminamos o eliminamos sus propios hogares.

Los sociólogos opinan que el auge del vegetarianismo es la más clara estampa de la toma de conciencia ambiental.

En otras palabras, la explotación de los animales no humanos para comida, junto con todas las demás, refleja una determinada manera de observar el mundo y de relacionarse con quienes lo integran, actuando en consecuencia. Implica el sojuzgamiento de un grupo sobre otro. Representa, además, un paradigma de violencia institucionalizada.

Un animal que vive y siente como nosotros no es una "cosa"

Convertir a un ser con interés en su propia vida en cosa, en un producto de consumo, es el proceso utilizado para convertir alguien en algo.

La cultura carnívora disfraza al animal explotado y asesinado, no hay presencia criminal, el jamón, una salchicha o un nugget son simplemente comida. La producción de alimentos a partir de animales no humanos se basa en un cúmulo de mitos y en la perpetuación del cisma entre el trozo de carne vendido como comida y el ser sintiente del cual proviene.

El movimiento vegano considera que esto es injusto, y que es posible y deseable un cambio de modelo.

Los cerdos son seres sensibles muy cercanos a los humanos.

Límite: el dolor y la sintiencia

¿Por qué el veganismo distingue entre plantas y animales? La línea entre los dos reinos de seres vivos no la puso un vegano, sino que existe desde hace mucho más tiempo. La diferencia principal para el veganismo entre unos y otros es el dolor. Cada cierto tiempo, se publica un estudio sobre la capacidad de sentir de las plantas.

En el mundo vegetal también hay sensores que procesan información y formas para que esa información viaje no solo a una parte de ese individuo, sino a todo él. Las raíces de los árboles y las plantas detectan cambios en el suelo (la humedad y el nivel de nutrientes) y generan compuestos químicos que son detectables por otras raíces cercanas. Sin embargo, el hecho de que el reino vegetal tenga estas capacidades no implica que las plantas sientan de la misma manera que los animales. Vale la pena considerar, además, unos vegetales que la naturaleza nos ofrece exprofeso: las frutas.

Por otra parte, incluso algunas piedras, como seres vivos, ordenan sus partículas a lo largo de milenios y a gran presión, hasta que las podamos encontrar en forma de diamantes. Cualquier persona puede aceptar, en todo caso, que se trata de aspectos vitales… ¡muy diferentes!

El dolor es una respuesta que da el cerebro ante un estímulo que procesa el sistema nervioso. Reconocer y procesar un estímulo externo, aunque sea negativo, no siempre conlleva sufrimiento.

En el caso de los moluscos, existe un debate sobre la capacidad de sintiencia de algunas especies: los mejillones, por ser bivalvos, no cuentan con un encéfalo definido como los cefalópodos (el pulpo). Sin embargo, además de un extenso sistema nervioso periférico, sí que se observan ganglios encefálicos y viscerales, que cumplirían funciones parecidas.

A día de hoy no hay unanimidad entre la comunidad científica sobre si los bivalvos solo disponen de nocicepción o si realmente sienten algo parecido al dolor o al placer. Así pues, no podemos afirmar que los mejillones, las ostras o las almejas no sientan dolor.

Aunque los mejillones no intentan escapar de los depredadores (algo que sí hacen las almejas, escondiéndose en la tierra), hay probabilidades de que sientan dolor y por ello deberían conseguir ser excluidos de nuestro consumo.

¿Por dónde empezar?

No existe una forma correcta o incorrecta de empezar en el veganismo: hay muchas opciones válidas. Pero vale la pena que elijas la vía más acorde con tu estilo de vida y tu situación personal:

■ **Empezar de un día para otro.** Generalmente, esta opción se aplica tan solo a la alimentación, porque abarcarlo todo de golpe es imposible y poco recomendable.

■ **Ir poco a poco, de forma gradual.** Normalmente se empieza por la alimentación. Priorizar la alimentación suele ser lo más lógico y habitual.

Por mucho que para los animales sea igual de terrible ser criados independientemente de lo que produzcan (leche, carne, piel), y vivir encerrados en un pequeño receptáculo de un zoo, para nosotros no lo es. Culturalmente, no es lo mismo comernos a alguien que utilizar un champú para el que se ha experimentado con ellos o ponerse un jersey de lana.

Cómo podemos ayudar a los animales

Los que quieran poner en marcha un tipo de militancia más allá de su conducta cotidiana personal, pueden:

■ Elegir la compra: tanto productos como marcas o servicios.
■ Reciclar.
■ Adoptar, rescatar o apadrinar animales abandonados.
■ Apoyar económicamente las asociaciones y santuarios veganos.
■ Votar a partidos que tengan políticas que favorezcan a los animales.
■ Acudir a marchas, manifestaciones o performances a favor de los derechos de los animales.
■ Promover la divulgación del antiespecismo y del veganismo.
■ Incluir el veganismo en el terreno profesional , o conformar grupos de presión política para contrarrestar a los lobbies de la carne y similares.

De la cosmética a la medicina

Aunque hayas decidido ir poco a poco o de golpe, lo cierto es que, de repente, te encontrarás con que tus marcas favoritas, tu comida preferida o tu ropa ya no te sirven. Tampoco el maquillaje que utilizas, parte de tus formas de ocio e incluso las medicinas. Al principio, puede ser estresante empezar a pensar de modo distinto. Es normal: al ver el mundo con otros ojos, este nos revela información que antes no teníamos en cuenta. De hecho, es habitual acercarse al veganismo al descubrir cómo se nos oculta. ¿Porqué las patatas fritas de sabores llevan componentes lácteos? ¿Desde cuándo los derivados de la leche o del huevo aparecen en la mayoría de los procesados, aunque no sean ingredientes? ¿Cómo puede ser que los preservativos no sean aptos para veganos?

La vaca, otro animal no humano con muy alta capacidad de sentir.

Las gallinas de siempre, convertidas en "cosas" productivas.

Al principio todo el mundo se sorprende al mirar en profundidad las etiquetas. Por ejemplo, un colorante alimentario anunciado como "natural" es el aditivo rojo E-120. ¿Cómo se obtiene? A base de aplastar insectos como la cochinilla, (*Dactylopius coccus*), luego nos lo cuelan tranquilamente en la comida (yogur de fresa, gelatinas, bebidas…) bajo el nombre, menos sospechoso, de "ácido carmínico"…

La buena noticia es que cuando prescindimos de todas estas tonterías que se nos ofrecen con el falso nombre de "alimentos" nos sentiremos mucho mejor.

La mayoría de personas, ya sea por falta de tiempo, de habilidades culinarias o de gustos, nos alimentamos a base de un número restringido de platos. También es posible que solo tengamos acceso a una determinada variedad de alimentos. Así, es fácil acabar teniendo una dieta con poca rotación, aburrida pero cómoda.

¿Cómo acercarse a la alimentación 100% vegetal?

■ Prueba el «lunes» sin carne: un día a la semana sin carne ni pescado.

■ Apúntate a alguno de los retos semanales de menú vegano saludable que hay en las redes sociales.

■ Anímate a probar nuevos sabores y texturas; así no echarás nada de menos.

■ Elimina la carne y el pescado en casa, reemplazándolos por alternativas vegetales saludables.

■ Cuando estés fuera, elige opciones vegetales siempre que puedas.

■ Cambia la leche y el queso por alternativas vegetales que te gusten.

■ Revisa cuidadosamente las etiquetas de lo que compras; hay muchas opciones sin ingredientes animales.

Por suerte ahora, pese a un cambio de esta envergadura, encontrarás un nuevo mundo de sabores y texturas. Por descontado, puedes empezar sustituyendo únicamente aquello que no es apto o determinados alimentos según el plan que hayas elegido. También puedes hacer un cursillo de cocina vegana.

Dicen que toda crisis es una oportunidad. En este caso, se trata de aprovechar en positivo una de las consecuencias que aparecen cuando revisas de arriba abajo tu alimentación. Tienes la fantástica oportunidad de experimentar con nuevos ingredientes, así que ¡aprovéchala!

¿Es una dieta?

Antes de contestar si ser vegano es una dieta, deberemos preguntar qué entendemos por "dieta". Si nos referimos a una dieta terapéutica, de las que ponen los nutricionistas para que estemos saludables, entonces el veganismo no lo es: no sirve para estar más delgado, ni tampoco para coger peso, muscular o estar más sano. Si eso es lo que persigues, necesitarás una dieta terapéutica adaptada a tus objetivos. De manera que, si quieres adelgazar, podrás lograrlo siendo vegano, pero recuerda que tendrás que visitar al nutricionista igualmente. El veganismo es una elección, eso es todo.

Es importante de todas formas, que dejemos de asociar el veganismo con la comida saludable o adelgazante, porque estar más sano, más delgado o musculado no es, en ningún caso, el fin último de ninguna persona vegana.

Con todo, el veganismo sí es una dieta en la medida en que es el patrón alimentario de un grupo de personas.

En el ámbito religioso esto es mucho más visible porque, al no llevar el mismo nombre, no se confunde: por ejemplo, la religión judía habla de

La fruta, alimento que nos regala generosamente la naturaleza.

alimentos y preparaciones kosher, el islam de halal. El veganismo no es una religión, ni nada parecido, se trata de millones de personas, de todo tipo cultural y social, con unas pautas alimentarias definidas y elección vital con restricciones muy claras. La alimentación vegana es, simplemente, la dieta de las personas veganas.

Si alguien no es vegano y lleva una dieta vegetal, su dieta es vegetariana. También se puede decir que la dieta vegana es una dieta vegetariana estricta que, además, tiene otro tipo de consideraciones. Aquí entrarían todas esas cuestiones que se debaten en la comunidad vegana, como, por ejemplo, si es apto o no un alimento que, aunque no tenga ingredientes de origen animal, pueda desfavorecer el entorno o la vida de los animales.

¿Una moda?

Si ya eres vegano (o estás en transición, o bien te lo estás pensando), seguro que te han dicho muchas veces que "estás en una fase" o que "solo es una moda". Lo cierto es que, efectivamente, para muchas personas el veganismo es una etapa de sus vidas, pero ha llegado para quedarse.

El número de veganos está creciendo al tener acceso a muchos más productos diferentes y, en especial, al haberse creado una comunidad que expande y da visibilidad a la información. La revolución que ha supuesto internet también ha conseguido que el veganismo se extienda con más fuerza. Ahora es más fácil que nunca descubrir recetas, consejos, trucos y opiniones de otros veganos. En cierto modo, estamos menos solos.

Pese a todo, no cabe duda de que, de todas las cuestiones en las que se centra el veganismo, comer es la que tiene una raíz social más arraigada y la que nos puede hacer fracasar.

Celebridades

Muchas personas han empezado a oír hablar de veganismo a través de los medios. Tras décadas de peripecias y prensa especializada, en los últimos años han llegado las declaraciones a favor de esta forma de vivir de personalidades de la política, el deporte y, finalmente, de la industria del entretenimiento. En 2015, Beyoncé anunció públicamente que seguiría una dieta vegana durante veintidós días con tal de ponerse «a punto» para los festivales; gracias a ello, el veganismo se convirtió definitivamente en algo cool. Pese a ser solo de carácter alimentario, la imagen del veganismo acaba relacionándose con una dieta saludable, y entonces estalla la moda de ser vegano como algo de lo que presumir en redes sociales o en determinados círculos. Actualmente, en muchas partes del mundo, el veganismo está de moda y en pleno crecimiento y desarrollo, las caras conocidas que lo defienden pertenecen a la cultura popular, sobre todo en el mundo anglosajón.

Esta moda del veganismo, según la cual algunas personas se identifican como veganas sin serlo (buscando prestigio social), tiene una parte negativa. Al saltarse la dieta en eventos sociales o vestir con cuero o seda, esas personas pueden terminar confundiendo a la gente que desconoce las implicaciones del veganismo.

En las redes sociales

Gracias a las redes sociales los veganos podemos ahora acceder a contenido de calidad: recetas, consejos nutricionales, nuevos productos, marcas con opciones aptas, tiendas y comercios online donde adquirirlos. Pero también encontramos un soporte imprescindible: el apoyo moral.

Hace unas décadas, un estereotipo extendido de una persona vegetariana era la de una mujer que practicaba yoga y meditación, y se interesaba por las terapias alternativas y la medicina natural. En muchas ocasiones, se atribuía el interés por una dieta vegetal a la práctica del hinduismo o del budismo. Con el tiempo, esta imagen se ha ido modificando, y las redes sociales han contribuido con una nueva imagen del veganismo relacionada con las influencers veganas más populares.

Hoy, de todas formas, podemos encontrar webs, blogs y cuentas en redes sociales con todo tipo de comida apta (incluyendo comida basura vegana).

El veganismo de las celebrities y en las redes puede hacer que este se perciba como una frivolidad meramente estética, por eso vale la pena recordar que la esencia del veganismo es la promoción del antiespecismo, algo que bien podría y debería unir a todo el mundo.

La alimentación de las personas veganas varía según sus gustos y su cultura gastronómica, y es habitual "veganizar" platos tradicionales, como hemos hecho con algunas de las recetas que ofrecemos en este libro.

Un mundo mejor para todos

Los humanos que disponemos de la mayor parte de los recursos del planeta somos tan solo consumidores. Convertimos a la naturaleza, a los animales y también a las personas en meros recursos. En muchos casos, estos recursos se explotan sin límite.

El veganismo puede ser una herramienta para detener nuestra propia degradación, situando la ética por encima del consumo y el beneficio económico.

Algunos animales viven toda su vida respondiendo a criterios productivos. No solo pierden su libertad, también su entorno natural, sus lazos familiares en el mejor de los casos. La mayoría vive en condiciones que serían definidas como «inhumanas», totalmente impensables para las personas. Para llegar hasta este punto en que los animales no son vistos como sujetos con derechos, sino como productos, se llega por un proceso de cosificación. Cuando en la Edad Media los siervos de la gleba eran vendidos junto con las tierras a las que estaban atados, era porque su vida no tenía un valor equiparable al de otras personas de estrato social más elevado. La Historia nos ofrece muchos más ejemplos de todo ello...

La creencia de que los animales nos pertenecen, que podemos utilizarlos como recursos a nuestro antojo, nos ha llevado a esta situación de sobreexplotación animal. No todas las culturas y sociedades lo han considerado de la misma manera, pero las sociedades culturalmente dominantes siguen teniendo este concepto de la naturaleza y los seres vivos: todos son recursos a nuestra disposición. Así es como hemos llegado a la actual situación de cosificación y terrible explotación.

Animales de granja

Los animales destinados al consumo humano son vistos como meras mercancías. En casos de inundaciones o incendios, algunos ganaderos prefieren que mueran para así cobrar la indemnización del seguro, o cuando una explotación ganadera no es rentable, en ocasiones se abandona con los animales dentro, que perecen de hambre y sed. El precio de la carne o el producto animal puede bajar tanto que al final no tiene ningún tipo de rentabilidad y abandonar la producción es el criterio financiero óptimo.

Son muchas las situaciones en las que los ganaderos, por motivos legales o económicos, no pueden utilizar a los animales que estaban criando, por lo que deben sacrificarlos. Llevarlos al matadero es más caro que simplemente dejarlos morir, o que matarlos de formas crueles pero muy baratas. Hay casos documentados de animales enterrados vivos en fosas comunes por ya no ser aptos para el consumo.

En el caso de que alguien llegue a enterarse de lo ocurrido, y si hay leyes de protección animal en ese país que lo contemplen, se pone una denuncia para que se multe al propietario; denuncia que suele venir de las asociaciones o los grupos animalistas. En general, las administraciones

Producción láctea fuera del sentido común.

públicas no actúan de oficio, aun con los escándalos que algunas organizaciones animalistas llevan a los medios tras sus investigaciones en las granjas.

Hasta hace un tiempo había muy pocos documentales sobre la explotación animal, pero ahora, por suerte, cada año se estrenan más, lo que contribuye a que todo el mundo pueda conocer mejor lo que ocurre.

La ganadería intensiva: fábricas de animales

La tecnología para mejorar la producción de carne de cualquier tipo de animal no deja de avanzar. La demanda crece, la oferta se queda corta y la maximización de beneficios necesita la investigación para crear nuevas variedades que crezcan más y más rápido. También se han mejorado increíblemente los tiempos de engorde para la carne o la cantidad de huevos de puesta.

¿Qué implica para los animales todo este avance en la ganadería industrial? Para empezar, el animal se cosifica hasta convertirse en un número. Aunque la publicidad nos sigue vendiendo a granjeros y empresas que conocen a sus animales y se preocupan por ellos, como individuos viven de forma completamente anulada. No se respeta en absoluto la forma en que se organizarían, se relacionarían o se comportarían en la naturaleza.

La mayoría de ellos vive en un estado de estrés constante que se traduce en conductas tan poco naturales como las que podemos ver en un zoo.

Tanto en la ganadería como en la piscifactoría predomina el hacinamiento de animales en instalaciones industriales muy diferentes a sus propios hábitats. Para poder vivir en estas condiciones, los animales tienen que sufrir otras prácticas para no comprometer la producción: arrancar dientes o cortar picos son algunas de las prácticas que se realizan.

Otro ejemplo claro son las condiciones de vida de las cerdas de cría. Pasan la mayor parte de su vida tumbadas e inmovilizadas entre excrementos. Tienen un mínimo contacto con sus hijos, con los que de otro modo interactuarían de formas complejas, como hacemos los seres humanos. En su situación no pueden hacer nada más que alimentarse y alimentar a sus crías.

Animal	Edad de sacrificio	Esperanza de vida
Vaca lechera	5 años	20 años
Ternero de lechera	1 o 2 días	20 años
Vaca (carne)	1-3 años	20 años
Ternero (carne)	32 semanas	20 años
Gallina (huevos)	1-2 años	8 años
Gallina (carne)	6 semanas	8 años
Pollito macho (huevos)	1 o 2 días	8 años
Pavo	8-26 semanas	10 años
Cerdo (carne)	6 meses	15 años
Cerdo (cría)	3-5 años	15 años
Pato	7 semanas	15 años
Cordero	3-6 meses	12 años

La leche y los lácteos

¿Qué hace falta para que una vaca dé leche? Un embarazo y un ternero. La industria láctea es una de las más crueles que existen. Es bastante difícil de ver, porque la publicidad de las lecheras nos lo oculta.

A pesar de que en televisión vemos esos verdes prados con vacas rodeadas de terneros, la mayoría de la leche de vaca viene de granjas industriales donde los terneros son separados de sus madres nada más nacer. En algunas granjas mecanizadas, las vacas son ordeñadas cada cinco horas. Este proceso se repite durante diez meses al año.

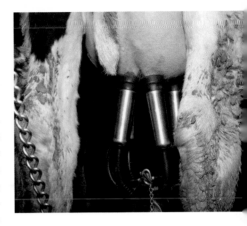

Cuando dan a luz a sus crías, para poder seguir dando leche, se las separa desde el primer momento. Si son hembras, se criarán para dar leche. Los machos irán a una granja de engorde y, a los pocos meses, al matadero. Estas granjas son las más habituales por su alta rentabilidad.

Vacas desesperadas

Las vacas deberían parir primero, al menos una vez, antes de dar leche. Para sacarles un «buen rendimiento» son inseminadas artificialmente todos los años y ordeñadas hasta algunas semanas antes de parir.

Así, las vacas se convierten en amas de cría constantes, con lo que se las priva del ritmo de sus derechos vitales naturales. Si la vida es ritmo, tal y como afirma Rudolf Steiner, el fundador de la antroposofía, también se les quita ritmo y mucha vida a las vacas cuando son obligadas a ser simplemente animales productores de leche.

Ubres enormes de alto rendimiento

Como decimos, nada más nacer, los terneros son separados de sus madres, lo que hace que ellas se muestren inquietas durante días o incluso semanas, y llamen con mugidos desesperados a sus crías, hasta que abandonan la búsqueda. El nexo de unión madre-hijo está muy implantado en las vacas. Es fácil imaginar lo que puede suponer esta separación prematura. Las vacas la sufren una vez al año y está claro que las hormonas correspondientes y los neurotransmisores de la desesperación se traspasan a la leche y a la carne. ¿Realmente queremos beber esa leche, o preparar un postre con ella?

¡En este libro vamos a ver cómo sustituirla!

Es posible que las vacas vivan bajo unas condiciones menos atroces y que la leche producida sea mejor, pero esos procesos antinaturales tampoco llevan a nada bueno. El "rendimiento" lácteo de las vacas actuales ha aumentado mucho durante las últimas décadas. De los 4.180 kilos en 1981 a los 5.250 en 1998, y ese incremento continúa sin detenerse. Por eso las vacas enferman más, sus partos son laboriosos y cada vez es más frecuente la necesidad de tratarlas con antibióticos (como el cloramfenicol) para remediar la mastitis: está claro que los medicamentos utilizados siguen el proceso de eliminación biológico y, naturalmente, se depositan en la leche.

Las desventuradas vacas dejan de ser rentables al cabo de unos años y los animales "deben" ser sacrificados para aprovechar su carne.

¿De dónde viene la tierna carne de ternera?

Los terneros pueden producir una carne muy blanca si se mantienen durante algunos meses con una dieta escasa, de forma que también tengan poca sangre y la carne sea siempre rosada o blanquecina.

La mayoría de los terneros, incluso los de las granjas biológicas, son separados de sus madres en sus primeras horas de vida y vendidos a empresas de engorde donde, para maximizar los beneficios, reciben un tipo de alimentación poco natural o son objeto de cebado. El forraje escaso en

Vacas sin moverse al aire libre. De por vida.

hierro se ocupa de que la carne se mantenga pálida, tal y como espera el consumidor, y eso les produce unas graves anemias.

La necesidad de hierro que experimentan es tan grande que, a veces, intentan beberse su propia orina, pero unos cuchitriles extremadamente estrechos impiden que se den la vuelta. Ni siquiera pueden lamer los barrotes que les encierran porque están recubiertos de plástico.

En países pequeños, como Austria o Suiza, son más de 300.000 los terneros torturados con estos métodos para luego sacrificarlos al cumplir los cuatro meses. Así que los degustadores de carne de ternera son dignos de nuestra compasión, pues con esa comida ingieren una mezcla de hormonas plenas de sufrimiento y, sobre todo, un karma desfavorable en cada bocado.

De la granja a la fábrica de animales

Las granjas son un modelo que ya no existe, aun cuando hay intentos para que aparezcan de nuevo, algunos liderados por personajes ilustres como el propio príncipe de Gales. De cada 100 animales se comen, 98 proceden de la cría intensiva, aunque no seamos conscientes de ello. Esos animales no han visto el campo ni el sol ni el cielo en ningún momento de su vida.

A pesar de eso, la industria nos manipula con idílicas imágenes de apacibles granjas y nos anima a consumir a esos seres. La publicidad nos muestra escenas de vacas que pastan en libertad por las praderas de las montañas y luego regresan satisfechas a sus establos entre felices mugidos; nos enseña a unos granjeros que llaman a las vacas y los cerdos por su nombre, y a sus hijas que miran a los pollitos según salen del cascarón... Todas ellas, imágenes de "amor al campo" y a un "mundo más saludable", algo idílico que no existe y solo sirve de coartada.

Los animales cuya carne se come la gente vegetan en lugares en los que deben conseguir el mayor peso posible. Son criaturas rebosantes de estrés, sin espacio vital, alimentadas con la comida más barata, atiborradas con antibióticos y, aunque es ilegal, con hormonas; seres que casi no pueden soportar la montaña de su propia carne, cuyo peso les cae sobre las débiles costillas, como los pavos que se vuelcan hacia delante al no poder soportar sus pechugas, crecidas hasta límites insospechados.

Todo eso es posible y se vende por medio de unas nostálgicas imágenes que provocan una total confusión en el ánimo de los consumidores. Seguro que los agricultores no siempre dan buen trato a sus animales, pero sí los consideran seres vivos. En las fábricas industriales de animales estos seres son degradados a objetos y reciben de los operarios lo peor que cada uno pueda pensar.

Transporte avícola al matadero.

Los huevos. Gallinas de engorde y máquinas ponedoras

Veamos ahora de donde nos llegan los huevos, tan habituales en las recetas de repostería clásica. Los criaderos o fábricas de gallinas son uno de los lugares más impresionantes.

Los animales han sido diseñados genéticamente para convertirse en productores de carne o de huevos. Las docenas de especies de gallinas diferentes que antes poblaban las granjas se han extinguido desde hace mucho tiempo. Las gallinas ponedoras actuales son exclusivamente una especie de máquinas que consiguen poner más de 300 huevos al año. Más del doble de las prestaciones de hace no tanto tiempo. Esto se consigue a base de aplicar ritmos artificiales de la luz del día y suministrar a los animales una comida especial.

Después de un año finaliza su vida, que podría alargarse bastante más, pero el síndrome de *burn out* que padecen (a causa de estar sometidas a un estrés constante) reduce su productividad y son eliminadas.

La producción de pollos tiene lugar en fábricas propias donde los huevos son empollados en incubadoras y luego los pollitos son enviados a sus destinatarios por correo postal. Los ejemplares masculinos son exterminados a millones, tirados, asfixiados con gas o picados en vivo, puesto que es lo más sencillo y, sobre todo, lo más barato. Es posible hacerse a la idea: imagine un gran filete de carne picada ¡procedente de esos pollitos! Solo en Alemania se producen casi 600 millones de pollos al año y la cifra va en aumento.

Lo que necesitan de verdad los pollos, el pico, su importante órgano táctil, que en los primeros tiempos era seccionado con una cuchilla candente, hoy en día es recortado sistemáticamente en el criadero. Es como si a un niño le amputaran la punta de la nariz.

Huevos de gallinas "camperas"

Quien habla de "huevos de gallinas camperas" utiliza mal el lenguaje, tal y como suele suceder habitualmente en la publicidad. Antes que el respeto a la vida o incluso de la veneración hacia ella, de la que habla el médico y filósofo Albert Schweitzer, lo primero que desaparece es el respeto ante la verdad. Las modernas gallinas de engorde, genéticamente modificadas para ser máquinas ponedoras, consiguen, en la mitad del tiempo que antes, obtener el doble de peso: su índice de crecimiento diario se ha incrementado en un 400%.

Antes de su prematuro final, los pollos viven en una estrechez y un acoso increíbles. Los animales sobreviven en su reducido espacio vital gracias a que en su alimento les mezclan vitamina A y, sobre todo, vitamina D, probablemente a modo de sucedáneo del sol. Después de seis semanas, la desgracia de las gallinas de engorde norteamericanas llega a su fin, y luego llegan a los hornos o las barbacoas de los consumidores.

Gallinas felices al aire libre.

En Europa, se tarda menos (los alemanes consideran que están listas al cabo de cinco semanas). No podrían aguantar mucho más tiempo, puesto que su carne aumenta a tal velocidad que los huesos se les deformarían haciendo que adquirieran formas grotescas y que padecieran otros cuadros clínicos. Aproximadamente el 4% de los pollos (una cifra ya prevista) muere bajo convulsiones espasmódicas en el denominado síndrome de muerte súbita; aproximadamente el 5% muere por acumulación de agua en el estómago, algo que solo sucede en la cría masificada de animales. El 75% tiene dificultades para andar y sufre constantes dolores.

En cajas, como cualquier "cosa"

El fin previsto llega pronto pero no demasiado rápido. Su terrible vida, en la que nunca ven la luz del sol, finaliza de la misma forma como ha transcurrido. Gallinas metidas en cajas, como si fueran cosas, desempaquetadas de forma brutal en el matadero, colgadas cabeza abajo de unas anillas de metal... Así terminan en el caso de que «todo vaya bien», un martirio en el que casi de una forma regular se les fracturan los huesos.

La cinta transportadora introduce a los animales colgados en un baño de agua cargado de electricidad para que queden aturdidos. Eso no significa que no sientan. Esta situación, increíble para los seres humanos, hace poco fue prohibida en la Unión Europea, pero no en Estados Unidos.

A continuación llegan a las máquinas automáticas de corte de cuello, que las matan y hacen que se desangren, siempre y cuando la máquina haya seccionado un vaso sanguíneo importante, hecho que no siempre sucede. En este último caso es necesaria la actuación de operarios que completen la acción de las máquinas, aunque en ocasiones tampoco son capaces de cortarles la garganta a todos los animales. Luego el animal cae, vivo, en un baño hirviendo, y esto es algo que sufren cuatro millones de aves al año solo en EEUU.

Y cuando las cosas "no funcionan"... nos faltan las palabras para describir lo que ocurre. En cuanto al apartado «higiene», lo cierto es que no existe. Los cadáveres son sumergidos en distintos baños, que los trabajadores llaman «sopa fecal», lo que dice mucho sobre su elevada cuota de contaminación: casi el 100% de *Escherichia coli*, el 8% de salmonelosis y casi el 80% de campilobacteriosis, un caldo de cultivo potencialmente peligroso.

Estas cifras provienen regularmente de los controles. Se ha comprobado, en 2010, una contaminación de campilobacteriosis de entre el 39 y el 70%. Los cuerpos de los animales al final del proceso de sacrificio quedan en un estado lamentable y se les inyecta un tipo especial de caldo que les

Comer el resultado de esta "no vida" no es saludable.

aporta del 10 al 30% de su peso de venta. Esa inyección consigue que no vuelvan a tener sabor a pollo.

Con el argumento de la higiene, como ya se ha mencionado, se ponen trabas a los granjeros y propietarios de pequeñas carnicerías para que no puedan realizar sus propios sacrificios. La precaria situación higiénica de los mataderos se burla de cualquier descripción que pueda referirse a sus prácticas y abusos. En el mismo sentido, en la Unión Europea se «producen» de forma similar unos 6.000 millones de gallinas al año, y 50.000 millones en todo el mundo. Y estas cifras aumentarán considerablemente si China e India se añaden a esta locura, como parece que va a suceder.

Productividad

Los animales de las plantas industriales son contemplados exclusivamente desde el punto de vista de la productividad, solo como auténticos «medios de producción». Así, encontramos cerdos que ya no pueden estar en libertad porque sus débiles patas no soportan su peso, pavos con pechugas de dimensiones enormes y que no se pueden reproducir, y gallinas que carecen por completo de las características de las aves, por no comentar su incapacidad para volar.

"¡No le cortes el pico antes de la foto!"

En las modernas fábricas de animales esos rasgos naturales no resultan necesarios, no hacen falta para nada. Lo que en su tiempo pensó el filósofo francés Descartes, cuando en su modelo mecanicista definió a las personas y los animales como puras máquinas, es algo que ahora se ha convertido en una brutal realidad.

La parte positiva para la industria y para los que se conforman con una barata carne torturada es que el progreso es muy rápido. En el siglo transcurrido entre 1820 y 1920, los campesinos doblaron su productividad; entre los años 1950 y 1965 volvió a suceder; en los diez años transcurridos de 1965 a 1975 sucedió una vez más, y así seguirá ocurriendo si continuamos tomando parte en el juego y comiendo de la misma manera. Después de la Segunda Guerra Mundial, un granjero podía abastecer a 15 personas, hoy en día alimenta a 100. Lo cierto es que ya casi no existen granjeros, pues los que lo eran en su sentido más original se han ido al garete, y con ellos la calidad de los alimentos.

Hace no tantos años, cualquiera conocía una granja y podía visitarla, porque en ella no había nada que ocultar. Sin embargo, las granjas industriales están herméticamente cerradas, casi todo está oculto y es secreto. Sistemáticamente se cometen en ellas crímenes contra la humanidad y contra los derechos y la protección de los animales, que lo pagan con amargura a todos los niveles. Los responsables son en último término los consumidores, que se inclinan por unos precios baratos con los que no podrían vivir los agricultores normales. La mayoría de las personas se decide por la cantidad en lugar de por la calidad.

Al comienzo del pasado siglo las afecciones cardiovasculares eran poco comunes y el cáncer era una excepción. Hoy en día ambas enfermedades (dándose la mano con la cría intensiva de animales) asolan nuestro mundo y son enormemente decisivas. ¿Queremos esto, realmente?

La cría intensiva de animales, una bomba de relojería

Ruediger Dahlke nos recuerda la leyenda según la cual Henry Ford extrajo de los primeros grandes mataderos de Chicago la idea sobre las cadenas de montaje que permitieron a todos los norteamericanos disfrutar de un automóvil del modelo Ford T. Esos enormes mataderos empezaron a proporcionar carne barata, pero acompañada de un alud de daños colaterales.

Despiezar una vaca es, en realidad, el procedimiento inverso al de fabricar un coche. En esos establecimientos fue la primera vez que los animales vivos fueron tratados como objetos.

El resultado del proceso es escalofriante: en el último medio siglo los precios de las casas y los coches han subido en un 1.000 %, mientras que los de los huevos y la carne de pollo, descontada la inflación, se han hundido en una profundidad récord. Si además se incorporasen los costes invisibles de este tipo de producción (desde las subvenciones sobre la contaminación ambiental hasta las enfermedades que provocan en las personas), el récord sería mucho mayor. Si se piensa en la gripe española de 1918, en la que murieron más personas que en la Primera Guerra Mundial y cuya causa fue una gripe aviar, y también en las pandemias que proceden de las aves y los cerdos a los que se tortura por medio de la cría intensiva, el tema adquiere otro aspecto. Disponemos de una manifiesta tecnología de riesgo que amenaza a buena parte de la humanidad. Los 50.000 millones de aves que anualmente son alimentadas con medicamentos y, a pesar de ello, están enfermas y con un débil sistema inmunitario, los 500 millones de cerdos y el resto de casos sujetos a la cría intensiva de animales constituyen una bomba de relojería de efectos incalculables.

Subvenciones

Pero esta locura es rentable para los accionistas, ya sean los que no saben nada, los de mentes miopes, los codiciosos o todos juntos: productores, beneficiarios o consumidores, todos toman parte en estos crímenes contra la Humanidad y contra el Universo (o la Creación, si se prefiere), lo que supone una terrible amenaza para nuestro mundo.

Las autoridades hacen la vista gorda con estas empresas y no realizan los controles adecuados. Se va donde se tiene que ir, y no donde se debe ir, es decir a los lugares en que no se tiene en cuenta en ningún momento la salud de la población y el sufrimiento de los animales es un tema irrelevante. Recientemente una empresa de aves francesa recibió una subvención de 63 millones de la Unión Europea para la producción y la exportación de pollos industriales de la menor calidad posible.

¿Cómo puede ser que la industria tenga tal poder? Es muy sencillo: somos nosotros los que se lo otorgamos al comprar carne, huevos y leche de producción intensiva.

La peligrosa influencia de los productos lácteos sobre la salud de los adultos es algo que ya no se discute; sin embargo, a pesar de estar científicamente contrastado, el lobby de la industria lechera informa justo en sentido contrario y se sigue subvencionando la leche para niños y escolares.

¡Vale la pena decidirse por una alimentación vegana!

En resumen.
Evitar el sufrimiento animal

Como vemos, muchas personas acceden al veganismo por una convicción ética en contra de las técnicas de cría intensiva de animales impuestas en la ganadería actual. Los animales destinados a la alimentación son excluidos de las leyes anti-crueldad y no reciben ninguna protección legal. Siendo veganos podemos contribuir a reducir el impacto de esta situación y evitar la explotación, el sufrimiento y el sacrificio de muchas especies animales destinadas a nuestra alimentación.

El veganismo es un estilo de vida basado en el respeto hacia los animales. Los veganos abogan por aplicar a las especies animales los mismos derechos humanos que defienden el derecho a la vida, la seguridad de la persona y estar libre de la esclavitud y de la tortura. En consecuencia, concluyen que dichas obligaciones y derechos impiden un consumo de productos de origen animal. Y es que la actual explotación que sufren los animales en diferentes ámbitos como la industria alimenticia, la moda, la cosmética, etc. es considerada por el veganismo como una violación de los derechos y un estado comparable a la esclavitud.

Los movimientos en defensa de los derechos de los animales denuncian que a diario millones de especies son compradas, vendidas, privadas de libertad, alejadas de sus familias, inseminadas artificialmente, sacrificadas... en beneficio de los intereses económicos de la industria. Cuando nos alimentamos, cuando nos vestimos, cuando utilizamos productos que han sido testados en animales estamos contribuyendo al sufrimiento y a la tortura de los mismos.

Los movimientos animalistas inciden en la necesidad de que la sociedad sea consciente de que todos los animales que disponen de sistema nervioso (seres humanos, perros, cerdos, vacas, gallinas, atunes, ratones...) tienen la capacidad de sentir (ya sea dolor, placer, miedo...) y que por lo tanto también tienen idénticos intereses que deben ser respetados. Los movimientos en defensa de los animales abogan por erradicar el especismo o la discriminación en función de la especie.

Especismo

El especismo establece un orden jerárquico a la importancia de los intereses de una determinada especie sobre otra. Por ejemplo, somos especistas cuando le damos prioridad a los intereses de un perro frente a los intereses de una vaca o un cerdo. Esta cultura oculta el hecho de que el ser humano también es un animal y que no tiene derecho a disponer de la vida del resto de sus congéneres no humanos. Es evidente que somos diferentes, lo que rechazan los movimientos animalistas es la dominación con base en esas diferencias.

Rechazan ese autoimpuesto "derecho" del ser humano a tratar al resto de especies como meros objetos que están ahí simplemente para satisfacer nuestros propios deseos y servir como medio para conseguir nuestros objetivos.

Según el filosofo José Ferrater Mora, "el especismo es respecto a la especie humana entera lo que es el racismo respecto a una raza determinada, ser especista es ser racista humano. El reconocimiento del humano como especie se transforma en especismo cuando equivale a la negación de derechos a otras especies, que no a la humana."

Para evitar esta discriminación (igual de injusta que el sexismo o el racismo), este movimiento promueve el veganismo como única opción válida. El no uso de animales en ningún aspecto de la vida, con una alimentación cien por cien vegetariana (sin derivados lácteos, huevos, ni miel), ropa y complementos que no incluyan cuero, lana o seda, así como el no uso de productos que hayan sido testados en animales, la no asistencia a los parques zoológicos o acuarios, así como la no participación en fiestas o espectáculos donde se utilicen a otros animales para diversión o entretenimiento del público.

Víctimas del especismo

■ **Animales sacrificados por la industria peletera.** Este negocio sacrifica a diario una ingente cantidad de especies animales para la fabricación de todo tipo de abrigos y prendas de vestir. Visones, chinchillas, focas adultas y bebé, nutrias, zorros, martas, ardillas... mueren a diario de forma cruel para evitar cualquier desperfecto en la apariencia de su piel.

■ **Sacrificio y explotación de vacas.** El ganado vacuno es sometido a diario al consumo de hormonas de crecimiento, antibióticos y otras sustancias con el fin de sacar el máximo rendimiento a su leche y su carne.

■ **Explotación y sacrificio de conejos.** Transcurridos entre 75 y 90 días desde su nacimiento, los conejos son sacrificados tras haber pasado toda su existencia en cautiverio.

■ **La fiesta nacional.** Las tradicionales corridas de toros convierten en sangriento espectáculo la tortura y muerte de este animal para diversión de unos cuantos.

■ **Caza y pesca.** A diario, millones de animales mueren asfixiados o tras sufrir un disparo. Muchos son devueltos al agua heridos por los anzuelos o las redes, o huyen desangrándose por las heridas de los disparos o los mordiscos de los perros de caza.

■ **Apicultura.** El proceso de cosechar la miel provoca la muerte de multitud de abejas (por aplastamiento o mutilación), así como el injusto abuso que provocamos al hacerlas trabajar de forma incansable para producir un preciado producto alimenticio que luego les será arrebatado y sustituido por una simple mezcla de agua y azúcar.

■ **Explotación de cerdos.** A pesar de ser uno de los animales más inteligentes que existen, superando con creces al perro, el ser humano lo explota y tortura con inusitada crueldad. La actual industria porcina sacrifica millones de cerdos a diario en todo el mundo tras varios meses hacinados en duras condiciones.

■ **Explotación de corderos y ovejas.** La extracción de la leche, la carne, el cuero y la lana, además de otros subproductos de estas especies, hace que su existencia se reduzca a un breve período de vida abocado al sacrificio final.

■ **Explotación de gallinas.** A los 35 días de vida, un pollo ya está listo para ser sacrificado. Una corta existencia que pasará hacinado en granjas de engorde, con el pico semiamputado (sin anestesia) para evitar que ataque a sus congéneres. Por su parte, las gallinas ponedoras pasan sus vidas amontonadas en jaulas de alambre. Allí están aproximadamente un par de años hasta que su producción de huevos desciende y son sacrificadas. En su hábitat natural, una gallina podría alcanzar los 15 o 20 años de vida.

■ **Experimentación.** Cada año mueren en el mundo millones de animales víctimas de la experimentación. Primates, monos, perros, gatos, caballos, bovinos, cerdos, ovejas, cabras, conejos, hurones, chinchillas, marmotas, zarigüeyas, armadillos, cobayas, hámsters y una larga lista de mamíferos son torturados y sacrificados en laboratorios de todo el mundo.

Alternativas a los ingredientes de origen animal en la repostería vegana

El huevo

Este es, quizás, el ingrediente más difícil de sustituir. Los huevos desarrollan varias funciones en las recetas de repostería: aportan grasa y humedad, dan esponjosidad, estructura y volumen, ligan los ingredientes y aportan sabor. Según la forma en que se integre el huevo en una receta, se consiguen resultados diferentes. Por ejemplo, al incorporar las claras batidas a punto de nieve a un bizcocho, se le aporta mucho aire y estructura.

Otro uso del huevo en la repostería es proporcionar un acabado brillante a ciertas elaboraciones como brioches u hojaldres.

Para sustituir el huevo en una receta, es importante saber cuál es su función y, a partir de ahí, modificar la receta añadiendo más líquido y grasa o haciendo uso de almidones como la maicena.

La leche

La leche de vaca aporta a las elaboraciones de repostería una parte de materia grasa y, sobre todo, mucho líquido. **La leche se puede sustituir por cualquier bebida vegetal.** Debido a que las bebidas vegetales varían en sabor y textura entre fabricantes o en una casera, se deben tener en cuenta algunas consideraciones.

Muchas bebidas vegetales llevan aromas (como vainilla) y azúcar o endulzantes añadidos, lo cual puede afectar al sabor final de nuestra elaboración. Es decir, según la bebida vegetal que utilicemos, podemos conseguir un bizcocho o una crema más dulce o con el sabor de la bebida (vainilla, chocolate, café...). Los endulzantes y los aromas no afectan a la composición de la masa, pero sí al sabor.

Algunas bebidas vegetales comerciales incorporan espesantes (goma guar, goma xantana, goma gella u otros aditivos) que sí pueden afectar al resultado de nuestra elaboración. Por ejemplo, la crema pastelera que se prepara con una buena cantidad de bebida vegetal, puede quedar más densa de lo deseado si utilizamos bebidas con espesantes. La mayoría de

Sustituir los huevos en repostería

Seguir una dieta vegana no significa que debamos renunciar a nuestros platos o postres favoritos, ya que gran parte de los ingredientes que se utilizan en las dietas no veganas pueden ser sustituidos de una forma u otra. En el caso del huevo, aunque tenga una textura complicada de reproducir, en realidad hay muchos ingredientes que, en función de la receta, prestarán la misma función. Por tanto, nada nos impedirá seguir disfrutando de esponjosos bizcochos y sabrosas tortillas, poner mayonesa en nuestras ensaladas y sándwiches, o rebozar y empanar lo que queramos, y todo ello sin añadir ni un gramo de colesterol a nuestro cuerpo.

Los productos del comercio para sustituir los huevos (hay un sustituto de huevo con la marca "Biográ" que funciona bastante bien) permiten eliminarlos por completo, excepto para la tortilla a la francesa. Sí que permiten en cambio sustituir el huevo en toda clase de repostería y hasta en las tortillas de patatas veganas, de las que se suelen hacer concursos cada año. Vamos a ver los sustitutos del huevo más interesantes que se pueden aplicar en todo tipo de repostería:

Vinagre y bicarbonato de soda

Cuando combinamos un ingrediente ácido como vinagre o un cítrico con bicarbonato, este suelta dióxido de carbono que hace burbujas dentro de la comida. Cuando lo cocinamos, estas burbujas se expanden y ayudan a leudar y hacer más ligera la masa en la que lo incluyamos.

La proporción a usar es: 1 cucharadita de bicarbonato por 1 cucharadita de vinagre de manzana bio.

■ Esta es la mejor combinación para incluir en tartas, magdalenas y bizcochos.

Semillas de lino molidas y agua

Cuando combinamos las semillas de lino molidas con un poco de agua, logramos una mezcla espesa y gelatinosa que ayuda a amalgamar todos los ingredientes de nuestra receta y dará a nuestra masa una textura jugosa. La equivalencia por cada huevo que reemplacemos en la receta es: 1 cucharada de semillas de lino y 3 cucharadas de agua. Se mezcla mejor con la batidora que a mano.

■ Esta mezcla viene muy bien para galletas, tortitas, crepes y ciertas tartas que no lleven fruta.

Plátano maduro machacado

Perfecto para unir los ingredientes de la receta y dar jugosidad a la masa. Normalmente, medio plátano mediano equivale a un huevo.

■ Podemos utilizar esta fórmula cuando no importe que quede un leve gusto a plátano, o en tartas y bizcochos con un sabor fuerte de base, como las especias que lo camuflen.

Compota de manzana

Da menos sabor que el plátano y más jugosidad a las masas. Además de sustituir al huevo, usando compota de manzana podemos también rebajar la cantidad de grasa de la receta, en el caso de que queramos una masa más light Hay que utilizar una compota sin azúcar, a ser posible. Se utiliza por cada huevo unos 60 g de compota.

■ Es una buena opción para las tartas que tengan que quedar húmedas, como las de chocolate.

Tofu sedoso

Normalmente se utiliza mucho en pudines, mousses, rellenos de tartas o tartas del estilo de las de queso. Cuando lo utilizamos, en lugar del huevo usamos unos 60 g de tofu sedoso previamente muy batido hasta que quede como una crema.

■ Esta alternativa nos dará tartas densas y más cremosas.

Huevo vegano en polvo (Egg-replacer)

No viene mal tener en la despensa un paquete de sustituto de huevo comercial, normalmente elaborados con fécula de patata o harina de soja. Su ventaja es que un pequeño paquete puede equivaler a unas cinco docenas de huevos y es una opción rápida cuando hacemos mucha cantidad.

■ Con alguno de estos "huevos veganos" podremos elaborar merengues.

Sustitución de ingredientes convencionales por otros, veganos, en repostería.

recetas de este libro utilizan la bebida de soja por ser la que da mejores resultados. Pero si lo prefieres, puedes sustituirla por otro tipo de bebida vegetal.

La mantequilla

La mantequilla aporta grasa y un sabor característico a todo tipo de elaboraciones de repostería y puede sustituirse por margarina. La margarina es una materia grasa que se consigue mediante la emulsión de agua (y/o leche) y aceites vegetales. Al comprar la margarina es importante revisar los ingredientes, ya que algunas margarinas se fabrican con una parte de leche.

Otro aspecto a tener en cuenta es la cantidad de agua que contiene la margarina ya que eso puede afectar al resultado final. Podemos saber si una margarina tiene más o menos agua por su consistencia, siendo las más blandas las que más agua contienen. Las margarinas de soja suelen llevar menor cantidad de agua. Lo ideal sería elegir una buena margarina bio no hidrogenada.

La margarina no debe sustituirse directamente por aceite o mantecas vegetales, ya que aunque son elementos grasos, tienen consistencias diferentes

La nata

La nata, al igual que la leche, aporta hidratación, pero con un mayor contenido en materia grasa. Existen en el mercado (y es muy fácil encontrarlas en herbodietéticas) dos tipos de natas vegetales : la nata para cocinar y la nata para montar. Encontrarás muchos tipos de nata para cocinar: de soja, de avena, de arroz... Algunas son más espesas que otras y, tal y como sucede con las bebidas vegetales, puede alterar la consistencia final de nuestra elaboración. Es muy importante tener en cuenta que las natas para montar ya vienen bastante edulcoradas, por lo que no es necesario añadir azúcar o endulzante.

La miel

La miel de abeja enriquece muchas elaboraciones de repostería con su característico sabor, además de aportar dulzor. No existe un sustituto de la miel en cuanto a sabor, pero sí tenemos a nuestro alcance multitud de siropes que aportan dulzor y que tienen una consistencia similar a la de la miel. Cada sirope es diferente y lo mejor es probarlos para conocer su textura y sabor. Los más conocidos son: el sirope de agave, el sirope de arce y el sirope de arroz. La miel de abejas también puede sustituirse por la miel de caña o por la miel de palma.

Existe por suerte una infinidad de endulzantes naturales alternativos al azúcar blanco refinado industrial, pero no siempre funcionan con los requerimientos exactos de las recetas de repostería. Con todo, disponemos de amasaki, yacón, estevia, puré de dátiles, plátanos y orejones, miel de caña, siropes o melazas de cereales y hasta concentrados de frutas como la manzana…

Otros ingredientes de la repostería vegana

Harina

Salvo que se indique lo contrario, para realizar las recetas de este libro utiliza siempre harina blanca de trigo.

Azúcar

El azúcar blanco refinado permite endulzar las elaboraciones de repostería. Es el azúcar que se utiliza para las masas fermentadas (como el brioche) y para las masas líquidas (como las crepes). Tiene el inconveniente de que tiende a resecar los bizcochos y es palpable en aquellas elaboraciones donde el azúcar no se puede diluir, como por ejemplo, la crema de avellanas y chocolate.

Azúcar integral de caña o panela

El azúcar integral resulta un gran aliado para la elaboración de bizcochos, ya que aporta jugosidad y un ligero sabor acaramelado. Este azúcar tiende a formar grumos, por lo que es recomendable trabajarlo un poco con las manos para romper los trozos más compactos. No debe confundirse con el azúcar moreno.

Azúcar glas

También llamado azúcar lustre o impalpable. El azúcar glas es polvo de azúcar y se utiliza para todas aquellas elaboraciones en las que se quiere evitar la sensación de "masticar" el azúcar. El azúcar glas también se puede espolvorear sobre una elaboración ya terminada a modo de decoración.

Chocolate

El chocolate es un producto elaborado a base de pasta de cacao, manteca de cacao, azúcar y aroma de vainilla. Sobre esta base, se puede añadir leche en polvo u otros ingredientes. Dentro de los chocolates, podemos encontrar el llamado "chocolate de cobertura". Este tipo de chocolate tiene una cantidad de manteca de cacao superior al 30%, lo que le confiere untuosidad y brillo. Este tipo de chocolate es el que se utiliza en muchas de las elaboraciones de pastelería y repostería. En tiendas especializadas encontrarás el chocolate de cobertura en perlas, lo que resulta muy cómodo para fundir. Además, los chocolates de marcas especializadas ofrecen distintos tipo de chocolate según su origen, tostado y fluidez.

Cacao

El cacao en polvo es la parte del cacao sin la manteca. Al igual que el café, no todos los cacaos son iguales, por lo que siempre es recomendable comprar un cacao de calidad en una tienda especializada. Un buen chocolate y un buen cacao son la base para conseguir unos dulces deliciosos. Una buena alternativa al cacao es la harina de algarroba.

Vainilla

La vainilla es uno de los aromas estrella en la repostería. se puede comprar natural (vaina de vainilla) o en aroma concentrado (en pasta o líquido). Si se utiliza vainilla natural, es necesario abrir la vaina y rascar con la hoja de un cuchillo para extraer las semillas. Se debe tener en cuenta que en algunas ocasiones, las semillas negras de la vainilla pueden verse en la elaboración final. Para evitarlo, se puede utilizar el aroma en vez de la vainilla natural.

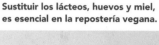

Sustituir los lácteos, huevos y miel, es esencial en la repostería vegana.

Levadura química

La levadura química también se conoce como polvo de hornear. Se trata de una mezcla de elementos químicos que libera dióxido de carbono con el calor del horno. Esta reacción química es lo que provoca que los bizcochos y preparaciones similares leven. En muchas ocasiones, se añade bicarbonato a la receta para que actúe como impulsor.

Levadura de panadero

La levadura de panadero es propiamente una levadura, es decir, un tipo de hongo. Estos microorganismos se alimentan de los azúcares de harina que transforman el dióxido de carbono (fermentación), el cual hace levar la masa. Este tipo de levadura es la que se utiliza en las elaboraciones de panadería y bollería. Es importante practicar y entender la fermentación de las masas para conseguir un resultado óptimo.

Pasta filo

La masa o pasta filo se encuentra en la zona de refrigerados o congelados de algunos grandes supermercados o en algunas tiendas de productos italianos. Son láminas de masa superfinas que hacen que el preparado quede muy ligero y crujiente. Si no lo encuentras puede sustituirlo por masa de hojaldre o por tu receta favorita de masa integral fina.

La masa o pasta filo

¿Qué es la pasta filo? Es una masa cocida hecha a base de harina de trigo blanca, agua y sal. Originaria de Grecia y Turquía, se usa tanto para preparaciones dulces como saladas. Suele venderse en placas de 40x33 cm, plegadas y enrolladas sobre sí mismas, es muy fina y ligera (y también muy delicada, porque al estar ya cocida tiene una hidratación muy baja). Cuando se cocina tiene una textura crujiente, frágil y quebradiza, y es habitual en muchas recetas usar varias capas a la vez.

¿Es lo mismo que la pasta brick? No es lo mismo, aunque se parecen muchísimo y son intercambiables sin demasiado problema en casi todas las preparaciones (aunque con las que piden una sola capa de masa resistente, mucho mejor ésta). La pasta brick está hecha con sémola de trigo, agua y sal, es un poco más gruesa e hidratada que la filo y tiene una textura más rústica y resistente. Es originaria de Túnez y Marruecos. Normalmente se comercializa en piezas redondas, separadas entre ellas con algún tipo de papel sulfurizado para que no se peguen.

¿Comprarla, o hacerla en casa? Se encuentran en la mayoría de supermercados. Las versiones industriales suelen llevar añadido algún emulgente -normalmente lecitina de soja- y ácido cítrico. Nada de esto se nota en el sabor, se añade básicamente para hacerlas más duraderas. Si tienes la oportunidad de encontrar masa brick en una tienda de alimentación árabe, hazte con ella: suelen estar más buenas. Hacerlas en casa es una verdadera filigrana (hay que hacer individualmente cada una de las hojas), así que se necesita mucha paciencia.

Los utensilios

Equipo básico de repostería

■ **Báscula electrónica.** Verás que en este libro incluso los ingredientes líquidos están indicados en gramos. ¿Por qué? Resulta más preciso medir un líquido por su peso que por su volumen.

■ **Jarra de vertido.** Resulta muy útil para mezclar y batir líquidos. Las jarras de vertido tienen un pico que sirve de guía para el líquido cuando vacías la jarra. Así se evita que el líquido se derrame.

■ **Espátula de silicona.** Las espátulas de silicona tienen cierta elasticidad y son resistentes al calor. Resultan perfectas para ayudarte a vaciar boles y jarras de masa, así como para mezclar.

■ **Espátula de codo.** Este tipo de espátula es útil para decorar pasteles. Para hacer las recetas de este libro tendrás suficiente con una espátula de codo pequeña y otra mediana.

■ **Varillas de batir.** Como su nombre indica, este tipo de varillas se utiliza para batir. Te servirá también para mezclar la masa de los bizcochos y otras preparaciones líquidas.

■ **Tamiz.** En muchas recetas es imprescindible tamizar la harina y otros ingredientes para evitar la formación de grumos y conseguir una masa esponjosa. Es recomendable un tamiz aproximadamente del mismo diámetro que el bol donde acostumbres a preparar las masas de bizcocho. Un tamiz o colador pequeño te resultará útil para espolvorear cacao o azúcar glas a modo de decoración.

■ **Moldes.** Empieza con un par de moldes redondos de distintos tamaños y otro rectangular. A partir de ahí, puedes ampliar tu colección. Vale la pena invertir en moldes de calidad antiadherentes y resistentes.

■ **Boles.** Un bol grande y un bol pequeño son suficientes. Mejor si son de plástico y diseñados para repostería, ya que incorporan bases antideslizantes.

■ **Rejilla para enfriar.** Aunque puedes utilizar la bandeja de rejilla del

horno, las rejillas para enfriar son cómodas y más ligeras. Además, te permitirán tener libre la rejilla del horno para seguir trabajando. Todos los ingredientes que se mencionan en las recetas se refieren a su versión 100 % vegetal. Cuando se menciona "harina" nos referimos a la harina blanca de trigo. Cuando se menciona" azúcar" nos referimos al azúcar blanco.

Consejos para que os salgan bien todas las recetas

■ *Lee atentamente la receta antes de empezar. Te ayudará a planificarte y entender todos los pasos. Comprueba que tienes todos los ingredientes y el material necesario.*

■ *No sustituyas ingredientes (excepto en las recetas crudas). La repostería es delicada y un pequeño cambio puede alterar todo el resultado. Por ejemplo, cambiar la harina blanca de trigo por una integral comportará que la receta necesite más cantidad de líquido.*

■ *Conoce tu horno. Puede que tu horno caliente más o menos de lo que indica el termostato, que caliente más de un lado de que otro... presta atención y ajusta los tiempos de cocción y/o la temperatura de tu horno. Si tu horno lo permite, hornea los bizcochos con aire.*

■ *Cuando hornees una tarta en blanco (sin relleno), recuerda pinchar la base para evitar que suba. Para los casos en los que utilices masa quebrada, coloca papel de hornear y rellena la tarta con garbanzos o bolas de cerámica. De esta manera, la tarta conservará su forma durante el horneado. No abras el horno durante la cocción.*

■ *Invierte en material de calidad. Los moldes y herramientas de calidad son fiables y te darán buenos resultados. Aunque sean algo más caros, si los cuidas bien, te durarán muchos años.*

■ *Cocina sin estrés. Evita cocinar cuando te sientas cansado/a, pues es más fácil que te equivoques y te frustres.*

■ *Aprende con cada receta. Cada receta te enseña recursos que puedes aplicar en otras elaboraciones. Asimismo, aprende de los errores para mejorar.*

Tarta de boniato, nueces y castañas

1. **Primero preparamos la pasta** de los fideos de castaña: ponemos a hervir las castañas en una olla durante 25 minutos.

2. **Una vez hervidas** las dejamos enfriar para pelarlas.

3. **Poner las castañas peladas** en una olla con la bebida de soja y la vainilla y dejar que arranque el hervor. En ese momento apagar el fuego.

4. **Trituramos la mezcla** y reservamos en la nevera hasta su uso.

5. **Preparamos la masa:** mezclamos todos los ingredientes indicados hasta obtener una masa firme y homogénea.

6. **Calentamos el horno** a 180°C.

7. **Estiramos la masa** en un molde redondo y la pinchamos bien para que no suba mientras se esté horneando.

8. **Llevamos al horno** y cocemos hasta que empiece a tener un color dorado. Al mismo tiempo horneamos los boniatos hasta que estén tiernos.

9. **Cuando la masa esté lista,** la retiramos y la dejamos enfriar. Lo mismo para los boniatos.

10. **Una vez enfriados los boniatos,** los abrimos por la mitad y retiramos toda la pulpa.

11. **Mezclar en un bol** la pulpa de boniato, la fructosa, la canela, la nuez moscada y la sal. Aparte mezclar en un vaso la bebida de soja con la maicena y añadir a lo anterior.

12. **Vertemos esta mezcla** sobre la masa cocida, añadimos las nueces picadas por encima y horneamos durante 30 minutos a 180°C.

13. **Dejamos enfriar** la tarta y con la ayuda de una manga pastelera y una boquilla fina añadimos por encima el puré de castaña como si fueran fideos.

6 raciones

Tiempo elaboración: 90 minutos

INGREDIENTES

Para la masa

300 g de harina de trigo

100 ml aceite vegetal no hidrogenado

3 cucharadas de azúcar integral de caña

½ cucharadita de sal

½ cucharadita de canela

Para el relleno de boniato

2 boniatos

¼ taza de fructosa

½ cucharadita de canela

½ cucharadita de sal

½ cucharadita de nuez moscada

60 ml de bebida de soja

3 cucharaditas de maicena

80 g nueces sin cáscara

Para los fideos de castaña

400 g de castañas

100 ml de bebida de soja

½ cucharadita de esencia de vainilla

Tatín de plátano y naranja

Para 6 raciones

Tiempo de preparación: 20 minutos más tiempo de enfriado

INGREDIENTES:

9 plátanos

el zumo de 2 naranjas

¼ de vaso de ron

1 paquete de galletas veganas

2 cucharadas de coco rallado

2 cucharadas de aceite vegetal no hidrogenado

fructosa

gajos o ruedas de naranja para decorar

1. Cortar los plátanos en rodajas y cocerlos a fuego alto en una sartén hasta que empiecen a caramelizar.

2. Añadir el zumo de las naranjas y el ron; dejar reducir hasta que el alcohol se haya evaporado.

3. Triturar las galletas con mortero o con un palote de amasar hasta que queden trocitos pequeños. Añadir el coco rallado y el aceite, y mezclar bien hasta obtener una masa.

4. Colocamos un poco de masa en el fondo un aro o cortapastas. Echamos dentro los trozos de plátano hasta llegar al límite del cortapastas y presionamos bien el plátano hacia el fondo.

5. Repetimos la operación hasta conseguir 6 postres y dejamos en la nevera por 3 horas hasta que esté bien frío.

6. Añadimos fructosa por encima de cada pastelito y caramelizamos con la ayuda de un soplete. Servir con una rodajita de naranja.

Tartaleta de chocolate y frambuesa

1. **Mezclamos todos los ingredientes** indicados para hacer la masa hasta obtener un preparado firme y homogéneo. Dejamos reposar en la nevera.

2. **Calentamos el horno** a 180°C. Estirar la masa y ponerla en moldes pequeños de tartaletas.

3. **Colocamos papel de hornear** encima de cada masa y añadimos encima legumbres para que la masa no suba cuando se esté horneando.

4. **Horneamos** durante 25 minutos o hasta que la masa empiece a tomar color dorado. Retirar y reservar.

5. **Para hacer la ganache** hervimos la bebida de soja con el sirope de arce y la vaina de vainilla. Una vez haya arrancado hervor apartar la vaina y verter sobre el chocolate.

6. **Emulsionamos todo** con la ayuda de un minipimer.

7. **Vertemos la crema** de chocolate en cada tartaleta cocida; por encima colocamos frambuesas y unos pistachos picados. Dejar enfriar durante tres horas en el frigorífico antes de servir.

8. **Mezclamos la mermelada** con el agua para conseguir la textura de una salsa. Con la ayuda de una cucharada extendemos la salsa de mermelada de naranja en un plato y disponemos la tartaleta encima.

9. **Añadimos un poco más de pistacho** en cada plato. Servir.

6 raciones

Tiempo elaboración: 50 minutos

INGREDIENTES

Para la masa:

150 g de harina de trigo

60 g de margarina

2 cucharadas de sirope de agave

2 cucharadas de agua

¼ cucharadita de sal

Para la crema de chocolate (ganache):

125 g de bebida de soja

1 cucharada de sirope de arce

200 g de chocolate negro 70%

1 vaina de vainilla

Para la decoración:

Frambuesas y pistachos

3 cucharadas de mermelada de naranja

2 cucharadas de agua

Pastel de manzana

Para 6-8 raciones

Tiempo elaboración: 20 minutos más tiempo de cocción

INGREDIENTES

Para el relleno

8-10 manzanas

2 cucharadas de jugo de limón

150 g de azúcar integral

34 g de harina de trigo

16 g de margarina

1 cucharadita de canela

1 cucharadita de sal

Para la masa

320 g de harina de trigo

1 cucharadita de azúcar

1 cucharadita de sal

100 g de margarina no hidrogenada (mejor si la tenemos congelada)

1 vaso de agua (muy fría, con cubitos de hielo)

1. **Preparamos el relleno.** Pelar, lavar y cortar las manzanas en láminas.

2. **En un cuenco,** mezclar los trozos de manzana con el jugo de limón, la canela, el azúcar, la harina y la sal (con las manos, sin miedo). Reservar.

3. **Precalentar el horno** a 200°C.

4. **Hacemos la masa.** Sobre el mármol, mezclar la harina con el azúcar y la sal.

5. **Cortar la margarina congelada** a daditos y mezclar con la harina con un tenedor hasta obtener una masa homogénea.

6. **Añadir una cucharada de agua muy fría** (sin los cubitos, solo el agua) y mezclar con la ayuda del tenedor. Repetir el proceso hasta que esté todo bien mezclado.

7. **Hacer una bola** con la masa y separar en 2 partes.

8. **Espolvorear harina** por el mármol, poner la masa, espolvorear harina por encima y estirar 1 de las masas con un rodillo hasta que su superficie cubra (y sobrepase un poco) el molde a utilizar.

9. **Enrollar la masa en el rodillo** y desplegar cuidadosamente en el molde.

10. **Poner las manzanas con el jugo** y repartir por encima los 16 g de margarina congelada cortada en dados.

11. **Seguir los mismos pasos** con la masa restante. Estirar y poner encima.

12. **Recortar los bordes** sobrantes dejando la masa justa para poder juntar las dos capas. Hacer unos cortes en la capa superior.

13. **Espolvorear con un poco de azúcar** y llevar a hornear 45 minutos.

INGREDIENTES

1 paquete de pasta fino

margarina bio no hidrogenada

Relleno 1

50 g de azúcar

300 g queso cremoso vegano

50 g de azúcar

60 g de margarina bio no hidrogenada

Relleno 2

200 g de nueces

100 ml de leche de avena

50 g de azúcar

1 cucharada de margarina bio no hidrogenada

Relleno 3

2-3 manzanas reinetas

50 g de azúcar

80 g de uvas pasas y limón

1 cucharada de canela

Pastel milhojas Prekmurska Gibanica

1. **Pincelamos** una fuente de horno.
2. **Ponemos 2 capas de pasta** fino y pincelamos cada una con margarina derretida. Ponemos el relleno de queso, repetimos la operación con el relleno de nueces y finalizamos con el relleno de manzanas.
3. **Por último ponemos otras dos hojas** pincelamos y horneamos unos 30 minutos.

Relleno 1. Deshacemos la margarina, juntamos con el queso y el azúcar y mezclamos unos minutos en un cazo a fuego. Reservamos.

Relleno 2. Deshacemos las nueces hasta hacer casi harina. En un cazo añadimos la leche, el azúcar, la margarina y cocemos unos minutos hasta que espese un poco.

Relleno 3. Pelamos y rallamos las manzanas. Rociamos con un poco de limón, añadimos las pasas, el azúcar y la canela. Reservamos.

Tarta de melocotón y natillas

3-4 personas

INGREDIENTES

2 tazas de leche de arroz

una pizca de sal marina

melaza de cebada y maíz (o miel de arroz)

1 cucharadita de canela en polvo

1 cucharadita de ralladura de limón

½ vaina de vainilla

2 cucharadas soperas de agar agar

harina de maíz para espesar

4 melocotones maduros

½ taza de frambuesas para decorar

1. **Forrar la base de un molde** desmontable con galletas. Cortar con cuidado algunas galletas por la mitad y colocarlas por los lados.
2. **Calentar la leche de arroz** con todos los ingredientes a excepción de la harina de maíz para espesar. Cocer a fuego medio-bajo 12 minutos.
3. **Mientras, diluir el espesante,** con un poco de agua fría. Después, añadirlo a la leche de arroz. Remover constantemente durante 3-4 minutos.
4. **Verter con mucho cuidado las natillas** encima de las galletas, dejar enfriar y solidificar.
5. **Pelar los melocotones** y cortarlos a gajos. Sobreponerlos unos encima de otros encima de la tarta fría. Decorar con algunas frambuesas y servir.

Pastel cremoso

1. Calentamos el horno a 190°C.

2. Mezclar en un bol la harina de trigo, la levadura, el bicarbonato y la sal.

3. En otro bol mezclamos el agua, el sirope de arce, la ralladura de limón y el aceite vegetal.

3. Vertemos el bol de los ingredientes líquidos en el de los ingredientes secos y batimos bien hasta obtener una masa homogénea.

4. Echamos la masa en un molde y horneamos durante 10 minutos aproximadamente dependiendo del molde que utilicemos (para saber si está hecho el bizcocho basta pinchar con un palillo en el centro del pastel y si sale limpio es que ya está listo). Dejar enfriar el bizcocho antes de desmoldar.

5. Mientras tanto preparamos el cremoso de chocolate. Mezclamos en un bol la fécula de maíz con dos cucharadas de agua.

6. Ponemos a calentar la bebida de soja, el sirope de arce y la nata. Cuando rompa a hervir echamos la fécula disuelta, removemos bien durante 30 segundos y apagamos el fuego. De inmediato vertemos esta crema sobre el chocolate troceado y removemos bien para conseguir una crema lisa y brillante.

Dejar reposar el cremoso de chocolate en la nevera durante 5 horas.

7. Con la ayuda de dos cucharas hacemos quenelles y las colocamos sobre el bizcocho.

8. Acabamos el pastel añadiendo un poco de granillo de almendra tostada o caramelizada por encima de las querelles.

Notas del chef. El pastel o "mona" es tradicional en Cataluña y el Levante peninsular. Se trata de un pastel con alguna figura de chocolate que los padrinos llevan a sus ahijados el lunes de Pascua.

Para 6 raciones

Tiempo de elaboración: 30 minutos más tiempo de reposo de la crema

INGREDIENTES:

para el bizcocho:

150 g de harina de trigo

½ cucharadita de levadura en polvo

¼ de cucharadita de bicarbonato

½ cucharadita de sal marina

90 g de sirope de arce

120 ml de agua

la ralladura de un limón bio

60 g de aceite vegetal no refinado

para el cremoso de chocolate con almendras

200 ml de bebida de soja

20 g de sirope de arce

100 ml de nata de soja

1 cucharadita de fécula de maíz

200 g de chocolate negro

unas cucharadas a gusto de granillo de almendra

Tarta de plátano

8-10 raciones

Tiempo de preparación:
80 minutos

INGREDIENTES:

1 k de harina integral

350 ml de aceite de
girasol sin refinar

350 g de azúcar integral
de caña

12 plátanos

1 cucharada de semillas
de sésamo tostado

2 cucharaditas de canela
molida

1. **Calentamos el horno** a 180°C. En un bol ponemos la harina, el aceite y el azúcar y removemos bien.

2. **Pelar los plátanos y cortarlos en tiras.** En un molde para cake de 24 cm de largo colocamos 250 g de masa y la aplastamos con la mano, luego ponemos tres plátanos en tiras y espolvoreamos con canela. Colocamos encima otros 250 g de masa y tres plátanos más.

3. **Seguimos haciendo capas** hasta terminar los ingredientes acabando con tiras de plátano.

4. **Acabamos esparciendo por encima** el sésamo y lo llevamos al horno durante aproximadamente una hora, o hasta que el plátano esté blando y dorado.

5. **Retiramos, desmoldamos** y dejamos enfriar antes de cortar y servir.

Tarta de plátano y algarroba

1. **Para preparar la base,** amasar bien todos los ingredientes hasta obtener una masa homogénea y moldeable. Dejar reposar 10 minutos y luego forrar un molde para horno desmoldable. Reservar.

2. **Para el relleno,** colocar todos los ingredientes en un robot de cocina y batir bien hasta obtener un preparado cremoso.

3. **Verter en el molde y hornear** a 180°C unos 25-30 minutos. Comprobar si ya está hecho pinchando el relleno con un palillo, si no sale manchado, está listo.

4. **Se deja enfriar** y se refrigera antes de desmoldar.

Para 8 raciones
Tiempo elaboración:
50 minutos

INGREDIENTES

Para la base:

100 g de harina de trigo sarraceno

100 g de harina de maíz

150 g de aceite de coco (o margarina no hidrogenada)

100 g de panela (azúcar integral natural)

1 cucharada sopera de semillas de lino molidas

Para el relleno:

4 plátanos maduros

150 g de panela (azúcar integral natural)

3 cucharadas de harina de algarroba

500 ml de leche de arroz (o cualquiera vegetal)

1 cucharada de margarina de soja

el zumo de un limón

Tarta Treacle

Para 8 personas

Tiempo elaboración:
40 minutos

INGREDIENTES

2 limones

c/s azúcar

Para la masa

200 g harina de trigo

80 g azúcar

40 g de agua

30 de harina de almendra (almendra molida)

30 g de almidón de maíz

170 g margarina no hidrogenada

Para el relleno

300 g de sirope de arce

180 g de pan rallado

3 limones

1. **Mezcla en un bol** la harina, el azúcar, el agua, la harina de almendra, el almidón de maíz y la margarina y amasa durante 5 minutos.

2. **Estira la masa** en un molde y con la ayuda de un tenedor pincha en el fondo de la base.

3. **Pon papel de hornear** sobre la masa y echa encima legumbres secas para que al hornearla no suba la masa. Hornea durante 15 minutos a 180°C. Una vez esté fría quita las legumbres y el papel del hornear.

4. **Pon el sirope de arce** en un cazo y cocina a fuego medio hasta que hierva.

5. **Ralla los limones** y extrae el zumo.

6. **Añade el pan y el zumo** y las pieles de los limones al sirope y remueve bien.

7. **Vierte el relleno** en la masa.

8. **Hornea durante 30 minutos** a 170°C. Retírala y deja enfriar.

9. **Llévala a la nevera** durante 4 horas.

10. **Corta los dos limones** en rodajas y colócalos por encima de la tarta, añade azúcar por encima y caramelízala con la ayuda de un quemador.

Coeur a la creme

Para 2 raciones

Tiempo elaboración: 20 minutos

1. **Preparamos la salsa.** Pon a hervir la leche de soja. Apaga el fuego y viértela encima del chocolate negro. Emulsiona con la ayuda de un minipimer hasta que quede una salsa lisa y brillante. Reserva en nevera.

2. **En un bol batir la crema de queso,** el sirope y la nata de soja hasta que esté todo bien mezclado.

3. **Ralla la piel y extrae el jugo** del limón y añádelo todo a la mezcla del queso. Sigue batiendo para que se mezclen los sabores.

4. **Muele las galletas** con la ayuda de un mortero y mézclalas con la margarina con las manos.

5. **Coloca la masa de galletas** en el fondo del cortapastas o molde, preferentemente con forma de corazón.

6. **Vierte por encima la mezcla** del queso y deja enfriar en la nevera durante unas 4 horas.

7. **Una vez bien frío** el pastel desmóldalo y sírvelo con unas grosellas y un poco de salsa de chocolate.

INGREDIENTES

Para la salsa de chocolate

100 ml de bebida de soja

50 g de chocolate negro

Para el coeur

1 paquete de crema de queso vegana

2 cucharadas de sirope de agave

125 ml de crema de soja

1 limón

c/s galletas integrales tipo digestive

1 cucharada de margarina vegana

c/s grosellas

Pastel de arándanos

Para 6 raciones

Tiempo preparación: 50 minutos

INGREDIENTES:

Para la masa

200 g de harina de trigo

1 cucharadita de sal

1 cucharada de azúcar

120 g de margarina bio

4 cucharadas de agua

Para el relleno:

60 g de harina

20 g de fécula de maíz

80 g de azúcar

400 g de arándanos

4 cucharadas de zumo de limón

2 cucharaditas de canela

1 cucharadita de piel de limón

1. **Para hacer la masa** tamizamos la harina con la sal y el azúcar. Mezclar en una mesa de trabajo o en un bol grande la margarina con la mezcla de harina y amasar durante 1 minuto. Añadir el agua poco a poco y acabar de amasar. Reservamos en la nevera.

2. **Mientras tanto preparamos el relleno.** Tamizamos la harina, la fécula de maíz y el azúcar en un bol. Añadimos el resto de ingredientes y mezclamos bien.

3. **Calentamos el horno** a 200°C.

4. **Untamos un molde** de con un poco de margarina.

5. **Sacamos la masa de la nevera** y la dividimos en dos partes. Estiramos una con el rodillo sobre la mesa previamente enharinada para que no se pegue y cubrimos bien de masa el fondo y los bordes del molde.

6. **Pinchamos el fondo** con un tenedor y añadimos la mezcla de arándanos. Estiramos con el rodillo la masa restante hasta conseguir el tamaño de la parte superior del molde para así cubrirlo, la colocamos encima y la pegamos bien a la masa de la parte inferior del molde. Pintamos con un poco de aceite vegetal y espolvoreamos con azúcar.

7. **Hornear durante 30 minutos.** Dejamos enfriar completamente antes de servir.

10 personas
Tiempo de elaboración:
50 minutos

INGREDIENTES

300 g de harina de trigo
integral

270 g de azúcar integral
de caña o panela

1 cucharadita de sal

1 cucharadita de canela

1 cucharadita de
bicarbonato

1 cucharadita de polvo
de hornear

300 g de zanahoria

200 ml de agua

1 cucharadita de vainilla

180 g de aceite de
girasol

130 g de nueces

Para la naranja glacé:

300 g de azúcar glas

100 g de zumo de
naranja

Pastel de zanahoria y nueces

1. **En un bol mezclamos la harina,** el azúcar, la sal, la canela, el bicarbonato y el polvo de hornear.

2. **Pelamos, cortamos y rallamos** las zanahorias bien finas.

3. **Incorporamos a la mezcla el aceite,** el agua, la vainilla, la zanahoria y las nueces. Batimos hasta obtener una masa bien homogénea.

4. **Introducimos la masa en un molde** de corona y horneamos a 180 °C hasta que esté bien cocida.

5. **Pinchamos el bizcocho** con un palillo de madera para comprobar si está cocinado.

6. **Para la naranja glacé** mezclamos el azúcar glas con el zumo de naranja y batimos bien hasta que no queden grumos.

7. **Cubrimos el pastel con el glaseado** y servimos.

Bizcocho de ciruela con avellanas y almendras

12 personas
Tiempo de elaboración: 30 minutos

INGREDIENTES
320 g de harina de trigo
250 g de azúcar
1 cucharadita de sal
2 cucharaditas de impulsor
1 cucharadita de canela
180 ml de aceite de girasol
250 ml de leche de soja
120 g de ciruelas
50 g de avellanas
50 g de almendras

1. En un bol mezclamos la harina, el azúcar, la sal, el impulsor y la canela.
2. Añadimos el aceite y la leche. Mezclamos bien hasta obtener una masa fina y homogénea.
3. Incorporamos las ciruelas, las avellanas y las almendras.
4. Introducimos la masa en un molde rectangular, espolvoreamos azúcar por encima y horneamos a una temperatura de 180°C hasta que esté bien cocida.

Cookies de algarroba

Chocolate y "cacao" de algarroba

¿A quién no le gusta el chocolate? Algunos médicos todavía recetan cacao como aporte dietético a personas convalecientes; incluso se recomienda en caso de debilidad cardíaca, esteniocardia o hipertensión, ya que influye positivamenteen la fuerza de las sístoles. Pero para bastantes personas el cacao puede ser un inconveniente, especialmente los niños y sobre todo si se abusa del azúcar blanco y de la leche (nos dan una mala combinación para la salud). Existe sin embargo una alternativa excelente: sustituir el cacao por harina o "cacao" de algarroba, conocido en los países anglosajones como "carob".

Teobromina

En 1841, al investigar la base activa del cacao, el científico ruso Vvedenski descubrió en las semillas del cacao un nuevo alcaloide: la teobromina. Algo parecido a lo que había ocurrido antes con el café (cafeína) y con el té (teofilina, popularmente conocida como teína). Más tarde, el químico y premio nobel alemán Emil Fischer descubrió que la cafeína desprendida del café, la teofilina del té y la teobromina del cacao pertenecen a un mismo grupo de purinas, al que también pertenece el ácido úrico formado de ellas en el organismo humano.

En 1908 se emcontró un notable parecido en los efectos que producen en el corazón la cafeína, la teofilina y la teobromina del cacao. Tanto la teobromina como la cafeína (que el cacao también contiene, en pequeña cantidad), son metilxantinas, es decir, estimulantes o excitantes del organismo. Además la cafeína estimula los jugos gástricos y favorece la diuresis. La teobromina excita débilmente el sistema nervioso central, pero su acción dilatadora y diurética es más fuerte que la de la cafeína y la teofilina.

Algarroba

El azúcar

Cuando el xocolatl, originalmente amargo y mezclado con pimienta, llegó a Europa de la mano de los conquistadores españoles, ya se conocía la posibilidad de endulzarlo con azúcar. No nos cansaremos de repetir que ese producto endulzante blanco, refinado e industrial es un auténtico mal para la salud y un azote para la humanidad; y que posee una naturaleza adictiva muy fácil de comprobar en la práctica. Los niños memorizan enseguida el dulzor del azúcar blanco industrial (más adictivo que las drogas duras), y todos, niños y mayores, lo buscamos, sin darnos cuenta, en todo tipo de alimentos.

El azúcar aparece en los productos preparados más insólitos. Por eso en este libro lo usamos con moderación, y en muchas recetas ofrecemos alternativas para endulzar. Una de las características del cacao y el chocolate es su amargor. Hoy en día se suele tomar mayoritariamente dulce, lo cual obliga a añadirle enormes cantidades de azúcar. Una pastilla de chocolate convencional del comercio puede llegar a contener un 60% de azúcar blanco. Así no deberían extrañar tanto algunas reacciones alérgicas, especialmente en los niños.

Un afrodisíaco... con migraña

No queremos amargar la fiesta a los amantes del chocolate, que lo degustan con placer y que lo asimilan sin problemas, así que pasaremos de puntitas sobre otros inconvenientes del chocolate, como el contenido en azúcar blanco refinado, la grasa y obesidad que genera, o la teobromina del cacao, tan desaconsejable en caso de gota, de cálculos renales o de acné. En todo caso, la tolerancia ante los efectos de la cafeína y la teobromina es diferente en cada persona, por eso en algunos casos puede ser un estimulante inocuo y en otros un producto tóxico.

Crema de algarroba

Se sabe que la feniletilamina que contiene el chocolate produce sus efectos afrodisíacos. Las crónicas dicen que Moctezuma bebía chocolate antes de visitar su harén, y lo usaba también en las ceremonias religiosas dedicadas a Xochiquetzal, la diosa del amor. Siglos más tarde, en Europa era Madame du Barry quien lo ofrecía a sus consortes. Y se dice también que Casanova seducía a las mujeres

Algarrobas

con la ayuda del chocolate. Así que regalar bombones quizá no sea sólo un impulso casual...

Pero además de feniletilamina también contiene tiramina (presente también en el queso y en algunos vinos tintos), que tiene que ver con la migraña, al estimular el sistema nervioso simpático. Por eso en la medicina oficial se prohíbe tomar chocolate o queso en caso de prescripción de fármacos antidepresivos.

El fruto del algarrobo

¿Existe una alternativa? Sí: la harina de algarroba, que es seis veces más baja en contenido graso que el cacao (en forma de chocolate la diferencia es mayor: 3% de contenido graso frente al 40% del chocolate con cacao convencional). Además no presenta los conocidos problemas del azúcar añadido, gracias a su dulzor natural. Posee muchas más ventajas: La algarroba no contiene ninguno de los componentes perjudiciales del cacao.

El humilde algarrobo (Ceratonia siliqua) da una fruta muy dulce que al molerla se obtiene una harina increíblemente similar a la del cacao... sin necesidad de añadirle azúcar. Tampoco requiere otros aditivos ni sal (el cacao contiene 700 mg de sodio por 100 g; la algarroba sólo 100 mg). Es más rica en fibra que el cacao y contiene pequeñas cantidades de pectina y lignina, favorecedoras de la digestión. Contiene vitamina A y D y tres importantes vitaminas del grupo B. Es rica en calcio (¡seis veces más que el cacao!), fósforo y potasio.

Hoy en día se usa en helados, repostería y como aderezos o como agente gelificante, estabilizante o emulsionante (con el número E-410 en el código de aditivos). Su renacida fama arranca a finales del siglo pasado, cuando apareció en tiendas de productos naturales de California.

El chocolate de algarroba

Una de las grandes ventajas de la harina de algarroba es que para obtener el chocolate con ella no es necesario seguir complicados procedimientos. No hay que calentarlo, enfriarlo al remover y calentarlo de nuevo para cubrir de chocolate una tarta (como en el caso del cacao), sino que basta con echarlo sobre un cazo con agua caliente, remover bien y añadir un chorrito de aceite o algo de margarina bio no hidrogenada (y un poco de endulzante, si se desea todavía más dulce).

La única desventaja de la harina de algarroba respecto al cacao es que no tiene una apariencia tan lustrosa, debido sobre todo a que carece del exceso de grasa del chocolate. Pero es excelente en repostería: trufados, biscuits, cremas, souflés, toda clase de pasteles, mousses, crépes, rellenos, fruta bañada al chocolate...

Algarrobo

Pastel de zanahoria y chocolate

Para unas 12-15 raciones

Tiempo elaboración:
40 minutos

1. **Mezclar bien** todos los ingredientes.
2. **Calentar el horno** a 180°C.
3. **Untamos una fuente** para horno con un poco de aceite y espolvoreamos con harina sacudiendo para retirar el excedente.
4. **Verter la mezcla** en la bandeja y hornear durante unos 35 minutos.
5. **Dejar enfriar** y servir.

Nuestro consejo. Podéis fundir un poco de chocolate con alguna cucharada de agua y verter por encima del pastel. Luego dejar enfriar.

INGREDIENTES

500 g de zanahoria rallada

500 g de pepitas de chocolate

250 g de aceite de girasol no refinado

250 g de azúcar integral de caña

500 g de harina

1 cucharadita de vainilla

1 cucharada de levadura en polvo

Pastel de chocolate y albaricoque con buttercream de coco

12 raciones

Tiempo de elaboración: 3 horas más enfriado

INGREDIENTES

4 albaricoques

Para el bizcocho de chocolate

280 g de harina de trigo

50 g de almidón de patata

200 g de azúcar integral de caña

1 cucharadita de bicarbonato

1 cucharadita de polvo para hornear

1 cucharadita de sal

50 g de cacao en polvo sin azúcar

250 ml de agua

200 ml de aceite vegetal no refinado

1 cucharadita de esencia de vainilla

Para la crema de coco

250 ml de leche de coco

35 g de sirope de arce

¾ cucharada de almidón de maíz

½ cucharadita de agar-agar en polvo

1 vaina de vainilla

1. Tamizar en un bol la harina, el almidón, el bicarbonato, el polvo para hornear, el cacao, la sal y mezclamos bien. Añadir el azúcar integral, el agua, el aceite y la vainilla y batir hasta obtener una mezcla lisa y homogénea.

2. Calentamos el horno a 180°C. Mientras se calienta el horno dejamos reposar la masa para que pierda un poco de aire.

3. Pintar el fondo de dos moldes de 20cm de diámetro con un poco de aceite y verter la mitad de la mezcla en cada uno de los moldes; hornear hasta que al pinchar con un cuchillo el bizcocho salga limpio. Deja enfriar los bizcochos completamente y luego desmoldarlos.

4. Para hacer la crema, disolvemos el agar agar en la leche de coco y lo llevamos a hervir. Retiramos del fuego. Abrimos la vaina de vainilla, extraemos la pulpa y la echamos a la leche de coco junto a la vaina y el sirope de arce.

5. Diluir el almidón en un poco de agua y lo añadimos cuando la leche rompa a hervir. Cocemos durante dos minutos y batimos bien para que no se pegue en el fondo del cazo.

6. Dejar enfriar la crema en el frigorífico hasta antes de utilizarla. Una vez fría la colocamos en una manga pastelera para tenerla lista.

Para el montaje, pelamos los albaricoques y los cortamos en trozos irregulares.

7. Ponemos uno de los bizcochos de chocolate en la base del plato de servir, extendemos por encima un poco de crema de coco y esparcimos unos dados de albaricoque en medio. Cubrimos con el otro bizcocho y acabamos decorando con más crema y trocitos de albaricoque. Servir el pastel bien frío.

Brownies

6 personas
Tiempo de elaboración:
1 hora

INGREDIENTES

300 g de harina

350 g de azúcar integral de caña

1 cucharadita de polvo de hornear

1 cucharadita de sal

30 g de cacao en polvo

250 ml de agua

200 g de chocolate

200 g de margarina

1 cucharadita de vainilla

50 g de nueces

1. En un bol mezclamos la harina, el azúcar, la sal, el polvo de hornear y el cacao.

2. Deshacemos el chocolate y la margarina en un mismo cazo a fuego medio.

3. Mezclamos la harina con el chocolate fundido, el agua, la vainilla y las nueces.

4. Introducimos la masa en una bandeja de 20x40 cm y horneamos a 150°C durante 50 minutos.

5. Dejamos enfriar y cortamos en pequeños rectángulos.

Notas del chef. El brownie (literalmente «marroncito») es un bizcocho de chocolate muy popular en Norteamérica, que surgió a partir de un accidente culinario: a finales del siglo XIX, un cocinero se olvidó poner levadura cuando estaba preparando un bizcocho.

Cupcake de chocolate y vainilla

Para 6 personas
Tiempo elaboración:
40 minutos

INGREDIENTES

Para los cupcakes

310 g harina

280 g de azúcar integral

80 g de cacao en polvo sin azúcar

1 cucharadita de polvo de hornear

1 cucharadita de sal

½ cucharadita de bicarbonato

290 ml de agua

180 g de aceite de girasol sin refinar

100 g chocolate 70% cacao

1 cucharadita de extracto de vainilla

Para la crema de vainilla:

200 g de margarina vegana

300 g de azúcar glas

1 cucharada de bebida de soja

1 cucharadita de vainilla en polvo o aroma de vainilla

1. **Calentar el horno** a 180°C.

2. **Mezclar la harina,** el azúcar, el cacao, el polvo de hornear, el bicarbonato y la sal en un bol.

3. **Añade el agua,** la vainilla y el aceite de girasol y bate bien hasta obtener una masa lisa y homogénea.

4. **Picar el chocolate,** añadirlo a la masa y mezclar suavemente.

5. **Vierte la masa** en cápsulas para muffins y hornea hasta que el centro de la masa esté cocinada.

6. **Mientras se cuecen los muffins,** preparamos la crema de vainilla. Mezcla todos los ingredientes citados en un bol hasta obtener una crema lisa y homogénea. Resérvala en frío.

7. **Una vez hechos los muffins,** los dejamos enfriar. Luego con la ayuda de un cuchillo o una espátula, decoramos cada muffin con la crema y un trozo de chocolate.

Crema nocilla de algarroba

INGREDIENTES:

1 cucharada sopera de puré de sésamo tostado

1 cucharada sopera de dulce o crema de membrillo
(puede sustituirse por sirope de ágave o de concentrado de manzana)

algarroba en polvo
(harina de algarroba)

1. **En un bol mezclar** el puré de sésamo y el dulce de membrillo (o sirope de manzana), una vez bien mezclado añadir la algarroba en polvo al gusto hasta obtener el sabor deseado.

2. **Mezclar** hasta conseguir una crema untuosa de aspecto y textura similar a un crema untable tradicional de cacao.

Notas del chef. Esta «crema de algarroba» permite muchas variantes; también se puede elaborar mezclando crema de almendras con harina de algarroba.

Café de cereales. Con harina tostada de algarroba podéis preparar también un excelente malta o café de algarroba.

Budín de algarroba naturista

1. **Coloca las harinas en un bol** junto con las pasas, las nueces molidas y la ralladura de limón.

2. **Aparte disuelve la levadura** en 1/2 taza de agua tibia e incorpora la miel, el aceite y la vainilla. Deja que la levadura haga su efecto en la masa durante 15 minutos.

3. **Mezcla ambas preparaciones** y agrégale el agua tibia necesaria hasta que obtengas una pasta del tipo bizcocho. Deja descansar esta preparación 30 minutos en un sitio templado. Luego vierte en un molde de tipo savarín grande (o de pastel tradicional), untado con aceite y enharinado, dejándolo leudar en horno precalentado por 30 minutos.

4. **Por último hornea el budín** a temperatura suave alrededor de 60 minutos. Retira del horno, déjalo entibiar y desmóldalo sobre una rejilla.

INGREDIENTES:

2 tazas de harina integral superfina

1 taza de harina de algarroba

pasas de uva sin semillas, a gusto

nueces molidas, a gusto

1 cucharada de ralladura de limón

1 cucharada colmada de levadura

de cerveza fresca

5 cucharadas de sirope de ágave

5 cucharadas de aceite de oliva suave

extracto natural de vainilla, al gusto

Tarta de chocolate y moras

INGREDIENTES

Para el bizcocho:

1 y ½ tazas de harina de sorgo

¾ de taza de harina de teff (o de trigo espelta)

½ taza de almidón de tapioca

¾ de taza de cacao en polvo o de harina de algarroba

2 cucharadas de harina de coco

½ cucharadita de goma xantana o goma guar

1 y ¾ de cucharadita de bicarbonato de sodio

½ cucharadita de sal no refinada

2 tazas de moras

2 tazas de agua

½ taza de aceite de coco

2 cucharadas de zumo de limón

1 cucharada de extracto de vainilla (sin gluten y sin alcohol)

2 cucharadas de estevia líquida

Para el glaseado:

2 tazas de anacardos crudos remojados durante 6 horas

¾ de taza de agua de coco (o agua endulzada con 4 gotas de estevia)

1 taza y ½ de moras

1 cucharada de zumo de limón

2 cucharadas de harina de coco

1. **Calentar el horno** a 180° C y preparar dos moldes redondos de 20 cm de diámetro previamente engrasados con el aceite de coco.

2. **Preparamos el bizcocho:** tamizar todas las harinas con los demás ingredientes secos. Reservar.

3. **Colocar las moras** en una batidora con un vaso de agua y batir bien; añadir más agua si hace falta hasta obtener 3 tazas de puré de moras.

4. **Incorporamos el zumo de limón,** el aceite de coco derretido, la vainilla, la estevia y mezclamos bien. Agregar los ingredientes secos y batir con la batidora de mano o robot de cocina.

5. **Dividir la masa en partes iguales** en los dos moldes para pasteles y con la ayuda de una espátula alisar la superficie. Hornear durante 25 minutos o hasta que al clavar un palillo salga limpio. Dejar enfriar 10 minutos y darle una vuelta sobre una rejilla para que enfríe totalmente.

6. **Mientras se enfría** el bizcocho preparamos el glaseado echando los anacardos y las moras en un procesador de alimentos hasta que quede una crema homogénea. Añadimos los demás ingredientes con el procesador en marcha, parando para raspar los lados si es necesario.

7. **Cuando esté muy cremoso** y suave lo metemos en el frigorífico y reservamos hasta que el bizcocho haya enfriado por completo.

8. **Para montar la tarta** ponemos una de las dos partes del bizcocho en una base para servir y le ponemos un cucharón de la mezcla del glaseado y sobre él otro cucharón del puré de moras con las virutas de chocolate.

9. Encima montamos la otra parte del bizcocho y con la ayuda de una espátula de silicona estiramos el glaseado de manera que no quede liso de todo sino a «bandazos». Sobre este glaseado adornamos con moras y virutas de chocolate.

Notas del chef. Esta receta vegana y sin gluten contiene además ingredientes antifúngicos y que estimulan el metabolismo.

1 cucharada de extracto de vainilla (sin gluten y sin alcohol)

½ cucharadita de estevia líquida

Para el relleno:

2 tazas de moras finamente picadas

virutas de chocolate negro (rallar una tableta de chocolate negro con el pelador de verduras)

Para el acabado final ("glaseado"):

virutas de chocolate

moras enteras

6 personas

Tiempo de elaboración:
30 minutos

Magdalenas de chocolate y plátano

INGREDIENTES

310 g de harina

280 g de azúcar integral
de caña

80 g de cacao en polvo

1 cucharadita de polvo
de hornear

1 cucharadita de sal

½ cucharadita de
bicarbonato

270 ml de agua

180 g de aceite de
girasol

1 plátano

1 cucharadita de vainilla

1. En un bol mezclamos la harina, el azúcar, el cacao, el polvo de hornear, el bicarbonato y la sal.
2. Añadimos el agua, la vainilla y el aceite de girasol y batimos bien hasta obtener una masa fina y homogénea.
3. Cortamos el plátano en rodajas muy finas e incorporamos con cuidado a la masa.
4. Introducimos la masa en varios moldes de madalena y horneamos a 180 °C hasta que esté bien cocida.

Nuestro consejo. Si al pinchar la madalena con un palillo de madera la punta permanece seca significa que ya está lista para retirar del horno.

Sablé de chocolate

5 personas
Tiempo de elaboración:
20 minutos

1. **Mezclamos los ingredientes** en un bol.
2. **Con la ayuda de un rodillo,** estiramos la masa entre 2 hojas de hornear.
3. **Con la ayuda de un cortapastas** extraemos varios trozos de masa (de unos 4 cm de diámetro) y los introducimos en otra bandeja.
4. **Horneamos** a 180 °C durante 8 minutos.

Nuestro consejo. Es conveniente dejar reposar la masa antes de usarla para que así sea mucho más manejable.

INGREDIENTES

70 g de harina de trigo

30 g de cacao en polvo

100 g de azúcar integral de caña

100 g de harina de almendra

100 g de margarina

1 cucharadita de sal

1 cucharada de vainilla

Tarta de dulce de chocolate

para 1 tarta de 20 cm de diámetro

Tiempo de preparación: 10 minutos

Cocción: 35 minutos, aproximadamente, más un par de horas de enfriado

INGREDIENTES:

4 cucharadas de aceite vegetal, y algo más para engrasar

200 ml de leche de almendra

1 cucharada de vinagre de sidra

250 g de harina corriente

50 g de cacao en polvo

1 cucharadita de bicarbonato de sodio

225 g de azúcar extrafino

½ cucharadita de sal marina fina

1 cucharada de aceite de avellana (un aceite vegetal también sirve)

50 ml de café exprés frío

1 y ½ cucharadita de esencia de vainilla

Para el glaseado:

150 ml de leche de almendra

100 g de chocolate vegano, troceado

2 cucharadas de sirope de agave o de arce, al gusto

1. **Precalienta el horno** a 180 °C. Seguidamente, engrasa un molde de 20 cm de diámetro y recubre la base con papel vegetal.

2. **Mezcla la leche y el vinagre** y resérvalos. Combina, en un cuenco voluminoso, la harina, el cacao en polvo, el bicarbonato de sodio, el azúcar y la sal. A continuación, pon en otro cuenco las 4 cucharadas de aceite vegetal y el aceite de avellana, el café exprés, la esencia de vainilla y la mezcla de la leche, que ahora ya se habrá cortado y estará algo más espesa, y remueve el conjunto.

3. **Incorpora poco a poco** los ingredientes líquidos a los sólidos, batiéndolos para deshacer cualquier grumo que se haya formado. Con la ayuda de una espátula, traslada la mezcla resultante al molde que has preparado y hornéala durante 25-30 minutos, o hasta que la parte superior sea firme al tacto.

4. **Para preparar el glaseado,** calienta la leche en un cazo pequeño hasta que casi llegue a hervir. Retírala del fuego y añade el chocolate. Remueve hasta que todo el chocolate se haya fundido y hayas obtenido una mezcla homogénea y suave. Incorpora las 2 cucharadas de néctar de agave o de jarabe de arce, o más, al gusto. Reserva el preparado durante 10 minutos para que se espese un poco.

5. **Cuando la tarta esté completamente fría,** deposítala sobre una rejilla y coloca debajo de esta una bandeja de hornear o una tabla de cortar para recoger el glaseado que se vaya derramando. Vierte el glaseado sobre la tarta y repártelo por los bordes. Puedes servirla enseguida o esperar a que el glaseado se haya endurecido.

Tarta sacher

12 personas

Tiempo de elaboración:
40 minutos

INGREDIENTES

300 g de harina de trigo

225 g de azúcar integral de caña

1 cucharadita de sal

60 g de cacao en polvo

2 cucharaditas de impulsor

1 cucharadita de bicarbonato

250 ml de agua

130 ml de aceite de girasol

mermelada de albaricoque

200 g de chocolate al 70%

150 g de margarina

50 g de aceite de girasol

1. **En un bol mezclamos** la harina de trigo, el azúcar, la sal, el cacao, el bicarbonato y el impulsor.
2. **Añadimos el agua y el aceite** y batimos bien hasta obtener una masa fina y homogénea.
3. **Introducimos 300 g de masa** en 3 moldes redondos (20 cm diámetro), respectivamente y horneamos a 180°C hasta que esté bien cocida. Reservamos en frío.
4. **Extendemos mermelada** por encima de 2 bizcochos y colocamos las 3 tres piezas una encima de la otra, dejando la que no lleva mermelada en la parte superior. Congelamos el pastel.
5. **Fundimos el chocolate** al baño maría junto a la margarina y el aceite. Emulsionamos con una batidora de mano.
6. **Colocamos la tarta** en una rejilla y recubrimos bien con el chocolate fundido.

Mousse de chocolate

1. **En un cazo mezclamos** la nata con el chocolate. Mientras, llenamos el vaso de la batidora eléctrica con la cobertura
de leche.

2. **Añadimos la nata hirviendo** y emulsionamos a baja velocidad.

3. **Incorporamos el agua** de naranjo y la mantequilla . Seguimos batiendo hasta obtener una emulsión bien fina.

4. **Vertemos la mezcla** en una bandeja y reservamos en la nevera para que cuaje durante un mínimo de 6 horas.

5. **Cortamos cuadrados** a la medida preferida y amasamos dándoles forma esférica.

6. **Bañamos las bolas** en el chocolate con leche. Dejamos enfriar y espolvoreamos con cacao en polvo.

6 personas

Tiempo de elaboración:
10 minutos

INGREDIENTES

100 g de leche de soja

1 vaina de vainilla

225 g de chocolate al 70%

125 g de nata vegetal (en herbodietéticas)

para montar

mantequilla

agua de naranjo

Muffin de chocolate con chocolate

12 raciones

Tiempo preparación:
80 minutos más tiempo
de enfriado

INGREDIENTES

Para el bizcocho:

450 g de harina de trigo integral

1 cucharada de polvo de hornear

80 g de cacao en polvo sin azúcar

1 cucharadita de sal

¾ taza de sirope de arce

200 ml de aceite vegetal no refinado

250 ml de bebida de soja

1 cucharada de esencia de vainilla

Para la crema de chocolate

300 ml de bebida de almendra

1 ½ cucharadita de almidón de maíz

50 g de sirope de ágave

300 g de chocolate negro

1. **Hacemos el bizcocho.** Tamizar en un bol la harina, el polvo para hornear, el cacao, la sal, y mezclar bien. Añadimos el sirope, la bebida de soja, el aceite y la vainilla y batimos hasta obtener una mezcla lisa y homogénea.

2. **Calentar el horno** a 180°C.

3. **Distribuir la mezcla** en cápsulas de magdalenas y hornear hasta pinchar una de ellas y ver que palillo salga limpio. Dejamos enfriar por al menos 3 horas.

4. **Mientras tanto preparamos la crema.** Poner a hervir la bebida de almendra con el sirope de ágave.

5. **Diluimos el almidón de maíz** con un poco de agua y lo añadimos a la bebida una vez esta rompa a hervir, removiendo constantemente para que no se pegue al fondo.

6. **Apartar la mezcla del fuego** y añadir el chocolate negro picado. Con el propio calor de la bebida de almendra se fundirá solo. Remover bien hasta obtener una crema lisa y homogénea. Dejamos enfriar en la nevera por al menos 8 horas.

7. **Para el montaje.** Ponemos la crema de chocolate en una manga pastelera y decoramos cada muffin con esta crema.

Consejo: Puedes añadir cacahuete picado, canela, café soluble, cacao en polvo o cualquier otro fruto seco por encima del muffin.

Bizcocho de pistacho y frambuesa

12 raciones

Tiempo elaboración:
120 minutos más tiempo
de enfriado

INGREDIENTES

Para el bizcocho de pistacho

300 g de harina de trigo

200 g de azúcar integral
de caña

1 cucharadita de sal

½ cucharadita de polvo
de hornear

½ cucharadita de
bicarbonato

100 g de pistachos
crudos

120 g de aceite vegetal
no refinado

250 ml de bebida de
soja

1 cucharadita de esencia
de vainilla

**Para la crema montada
de rosas:**

200 g de margarina bio
no hidrogenada

250 g de azúcar glas

1 cucharadita de agua
de rosas

3 cucharadas de bebida
de soja

Para la decoración

15 frambuesas

100 g de pistacho crudo
pelado y triturado

1. Preparamos el bizcocho. Tamizar en un bol la harina, el bicarbonato, el polvo para hornear, la sal y mezclar bien.

2. Triturar los pistachos con la mitad del aceite vegetal. Añadimos el azúcar integral, la leche de soja, la mezcla de pistacho y aceite, la mitad del aceite que sobraba y la vainilla. Batimos el conjunto hasta obtener una mezcla lisa y homogénea.

3. Calentamos el horno a 180°C. Mientras se calienta, dejamos reposar la masa para que pierda un poco de aire.

4. Pintar el fondo de dos moldes de 20 cm de diámetro con un poco de aceite. Echamos la mitad de la mezcla en cada uno de los moldes y horneamos hasta que al pinchar con un cuchillo el bizcocho salga limpio. Dejar enfriar los bizcochos. Una vez bien fríos ya se pueden desmoldar.

5. Para la crema, batimos la margarina con el azúcar glas utilizando un batidor de varillas. Añadir el agua de rosas y seguir batiendo bien.

6. Dejamos reposar durante 10 minutos hasta que el agua de rosas se haya repartido bien por toda la crema.

7. Ir batiendo la crema y añadir poco a poco la bebida de soja para evitar que se corte. Reservar la crema en la nevera hasta el momento de su uso.

8. Para el montaje, ponemos un bizcocho de pistacho en la base del plato de servir, vertemos un poco de crema y extendemos bien.
Colocamos el otro bizcocho encima, cubrimos con otro poco de crema y extendemos bien por todo el pastel hasta cubrirlo todo.

9. Ponemos el resto de la crema en una manga pastelera y decoramos el pastel. Acabar coro-

nando con las frambuesas y un poco de pistacho triturado por los laterales.

10. Reservamos en la nevera durante 4 horas o hasta el momento que se vaya a presentar.

Galletas de jengibre

10 raciones

Tiempo de elaboración: 35 minutos

INGREDIENTES

380 g de harina

200 g de margarina bio no hidrogenada

110 g de azúcar panela

8 g de levadura química

15 g de jengibre en polvo

15 g de canela

5 g de nuez moscada

5 g de sal

36 galletas

1. **En un bol,** bate la margarina con la panela hasta que quede con textura de pomada.

2. **Añade la harina,** la levadura, el jengibre, la canela. la nuez moscada y la sal. Trabaja con las varillas hasta formar pequeñas migas.

3. **Añade el agua** y mezcla hasta formar una masa compacta. Precalienta el horno a 180°C.

4. **Extiende la masa** entre dos hojas de papel de horno o papel film hasta dar le un grosor de aproximadamente 3-4 mm y corta las galletas con un cortador en forma de muñeco.

5. **Coloca las galletas** sobre papel vegetal en una bandeja de horno y hornea a 180°C durante 15 minutos o hasta que se doren. Deja enfriar sobre una rejilla.

Notas del chef. Las galletas de jengibre son muy populares en los países anglosajones, sobre todo en las fiestas navideñas, presentadas con toda clase de formas.

Carquiñolis

1. **Precalienta el horno** a 180°C y parte las almendras en mitades.

2. **En un bol,** mezcla todos los ingredientes hasta tener una masa compacta.

3. **Estira la masa** sobre una hoja de papel de hornear, hasta que tenga aproximadamente 1 cm de alto por 4 de ancho.

4. **Hornea** durante a 180°C durante 45 minutos o hasta que a masa se dore.

5. **Retira del horno** (sin apagarlo) y corta con un cuchillo afilado para formar los carquiñoles. Para no quemarte, sujeta la pieza con un trapo limpio.

6. **Finalmente,** coloca los carquiñoles en el horno unos minutos más para que se terminen de dorar.

6 raciones

Tiempo de preparación:
70 minutos

INGREDIENTES

175 g de harina

100 g de azúcar

100 g de almendra cruda

60 g de agua

35 g de aceite de girasol

4 g de levadura química

unas gotas de aroma de anís

la ralladura de piel de ½ naranja bio

Shortbreads de limón

10 raciones

Tiempo de elaboración:
45 minutos

INGREDIENTES

300 g de harina

170 g de margarina bio no hidrogenada

120 g de azúcar glas

la piel de 1 limón

1. **Bate la margarina** con el azúcar hasta que tenga textura de pomada.
2. **Añade la harina** y la ralladura de limón. Mezcla con las varillas para que se formen pequeñas migas.
3. **Cuando la margarina y la harina** estén bien mezcladas, trabaja con las manos hasta tener una masa compacta.
4. **Precalienta el horno** a 180°C.
5. **Utiliza un molde** de silicona para mini tartaletas o similar. Coge una porción de masa y rellena el molde hasta la mitad.
6. **Hornea durante 30 minutos** a 180°C o hasta que los shortbreads se empiecen a dorar.

Galletas de maca y tofu

1. **Precalentar el horno** a 180°C.
2. **Tamizar todas las harinas** en un cuenco y añadir los ingredientes secos.
3. **Echar los ingredientes húmedos** en otro cuenco. Juntar los ingredientes de los dos cuencos amasando y haciendo bolitas con la masa. Se ponen en un papel de horno y se aplanan con la mano o se les da forma con un aro de emplatar.
4. **Hornearlas durante 10 minutos** hasta que estén doraditas.

Tiempo elaboración:
25 minutos

INGREDIENTES

¼ taza de polvo de maca (en herbolarios y tiendas de dietética)

400 g de tofu blando

1 taza de harina de arroz

¼ taza de tahini (puré de sésamo)

¼ taza de harina de trigo sarraceno

1/3 taza de aceite de sésamo

1 cucharadita de levadura en polvo

½ taza de panela (azúcar integral natural)

una pizca de sal marina

¼ taza de sirope de arce

1 cucharadita de canela molida

1 cucharadita de extracto de vainilla

Cookies de naranja

Para 6 personas

Tiempo elaboración:
30 minutos

INGREDIENTES

300 g de harina

200 g de azúcar integral

½ cucharadita de
bicarbonato

1 cucharadita de sal

80 g de naranja
confitada

300 g de margarina
vegana

1 cucharadita de flor de
azahar

1. Mezcla en un bol la harina, el azúcar integral, el bicarbonato y la sal.

2. Pica bien la naranja confitada.

3. Añade la naranja picada, la margarina y la flor de azahar al bol y mezcla bien hasta obtener una masa firme.

4. Calienta el horno a 180°C.

5. Toma pequeñas raciones de masa y dales forma de medallones. Colócalos en una bandeja tapizada con papel para hornear y lleva al horno hasta que estén los bordes dorados (entre 15 y 20 minutos

6. Deja enfriar antes de servir.

Muffins de arándanos

Para 6 personas
Tiempo elaboración:
30 minutos

INGREDIENTES

350 g de harina

280 g de azúcar integral de caña

1 cucharadita de levadura en polvo (polvo de hornear)

1 cucharadita de sal

½ cucharadita de bicarbonato

280 ml de agua

180 g de aceite de girasol sin refinar

120 g de arándanos

1 cucharadita de vainilla

1. **Calienta el horno** a 180°C.
2. **Mezcla la harina,** el azúcar integral, el polvo de hornear, el bicarbonato y la sal en un bol.
3. **Añade el agua,** la vainilla y el aceite de girasol y bate bien hasta obtener una masa lisa y homogénea.
4. **Añade los arándanos** y mezcla con cuidado.
5. **Vierte la masa** en cápsulas para muffins y lleva a hornear hasta que el centro de la masa esté cocinada.
6. **Deja enfriar** antes de servir.

Cookies de chips de chocolate

6 personas

30 minutos

INGREDIENTES

300 g de harina

200 g de azúcar integral de caña o panela

ó cucharadita de bicarbonato

1 cucharadita de sal

300 g de margarina

100 g de pepitas de chocolate

1 cucharadita de vainilla

50 g de naranja confitada

1. Picamos bien fina la naranja confitada con la ayuda de un cuchillo.

2. Mezclamos en un bol la harina, el azúcar, el bicarbonato y la sal.

3. Incorporamos las pepitas de chocolate, la margarina y la vainilla.

4. Mezclamos bien hasta obtener una masa firme. Elaboramos varios cookies y los colocamos en una bandeja
de horno.

5. Horneamos a 180 °C hasta que los bordes de las galletas estén bien dorados. Dejamos enfriar sobre una rejilla y servimos.

Notas del chef. Las cookies son el nombre que reciben las galletas redondas con pepitas de chocolate. Muy consumidas en los países anglosajones, existen infinidad de variedades.

Pestiños

1. **Amasamos bien la harina** con el aceite de oliva.
2. **Añadir el vino blanco,** la ralladura de limón, la ralladura de naranja, el anís, y amasar bien hasta obtener una masa que no se pegue a la mesa pero que sea elástica.
3. **Con un cuchillo** cortamos trozos de masa en forma de cuadrado.
4. **Juntar las puntas de cada esquina** y freírlas en el aceite vegetal hasta que obtengan un color dorado.
5. **Las escurrimos** sobre papel absorbente a medida que las retiramos y las rebozamos en fructosa.
6. **Con un colador fino** añadimos la canela con delicadeza para que no caiga en exceso.

Para 6 raciones

Tiempo de elaboración:
30 minutos

INGREDIENTES

500 g de harina

130 ml de aceite de oliva suave

130 ml de vino blanco

La piel rallada de un limón bio

La piel rallada de una naranja bio

1 cucharadita de licor de anís

250 g de fructosa

1 cucharadita de canela molida

aceite de oliva para freír

Galletas de especias

Para unas 50 galletas

Tiempo elaboración:
20 minutos
más tiempo de reposo
y de horneado

INGREDIENTES:

300 g de harina integral
de molido fino

1 cucharadita al ras de
bicarbonato

½ cucharadita de canela
molida

½ cucharadita de
jengibre en polvo

¼ cucharadita de clavo
de especia molido

1 pizca de sal marina

120 g de azúcar integral
muscovado (ver nota)

150 g de margarina de
soja bio

y 50 g de azúcar integral
de caña

1. **Tamizar la harina** con el bicarbonato, las especias y la pizca de sal. Mezclar con el azúcar integral. Incorporar la margarina de soja y trabajar la masa con los dedos como para tener una masa grumosa. Añadir dos cucharadas de agua y acabar de ligar la masa.

2. **Formar una bola lisa** y bien amalgamada, envolver en papel film y dejar reposar en la nevera durante unos 40 minutos.

3. **Calentamos el horno** a 180°C y tapizamos una bandeja de horno con papel para hornear.

4. **Retiramos la masa** de la nevera y la estiramos con un palote sobre una mesa enharinada dejándola fina. Recortar figuras con moldes en forma de estrellas, pinos o como deseemos y colocarlas en la bandeja.

5. **Hornear** durante unos 10 minutos o hasta que tengan un bonito color dorado.
Retirar las galletas del horno y dejar enfriar.

6. **Triturar los 50 g de azúcar** integral restantes en un molinillo de café hasta tener un polvo fino. Espolvorear las galletas con el azúcar integral glas.

Notas del chef. El azúcar moscovado (mascabado o muscovado; es el mismo) se obtiene a partir de la caña de azúcar sin refinar, con métodos artesanales y tradicionales. Si no lo encuentras, utiliza cualquier panela otro azúcar integral de caña de calidad.

Nuestro consejo. Una idea para regalo: presenta las galletas en una bonita caja de metal o de cartón reciclado, o en un envase de cristal.

Galletas paprenjaci

INGREDIENTES

120 g de margarina

100 g de sirope de ágave

100 g de azúcar

300 g de harina

1 cucharada de canela

1 cucharada de pimienta negra

un poco de sal

1. En un bol ponemos la harina con una cucharadita de café de canela, otra de pimienta y sal. Mezclamos con un tenedor o unas varillas.

2. Añadimos la margarina derretida, el azúcar y el sirope. Mezclamos bien con las manos y amasamos. Cuando más amasada esté, mejor.

3. Ponemos la masa en un papel de horno, ponemos otro encima y extendemos con un rodillo, pero que quede un poco gordita. Hacemos formas con un cortapastas y horneamos las galletitas unos 15 minutos.

Notas del chef. La paprenjak destaca por sí sola: es una galleta de pimienta de gran tradición en Croacia, en donde es muy popular sobre todo en las fiestas.

Muffins de limón

10 personas
Tiempo de elaboración:
30 minutos

1. En un bol mezclamos la harina, el azúcar, el polvo de hornear, el bicarbonato y la sal.

2. Añadimos el agua, la vainilla y el aceite de girasol. Batimos bien hasta obtener una masa fina y homogénea.

3. Rallamos la piel de los limones e incorporamos a la masa.

4. Introducimos la masa en varios moldes para madalena y horneamos a 180°C hasta que esté bien cocida.

5. Para el limón glacé mezclamos el azúcar glas con el zumo de limón y batimos bien hasta que no queden grumos.

6. Terminamos cubriendo con el glaseado.

Notas del chef. Una de las diferencias entre las madalenas y los muffins es que en estos últimos no es necesario batir demasiado los ingredientes. De esta forma, el resultado es una masa menos esponjosa y más densa, tan característica de los muffins.

INGREDIENTES

380 g de harina

280 g de azúcar integral de caña

1 cucharadita de polvo de hornear

1 cucharadita de sal

½ cucharadita de bicarbonato

270 ml de agua

200 g de aceite de girasol

3 limones

1 cucharadita de vainilla líquida

225 g de azúcar glas

75 g de zumo de limón

Dulces de coco

3-4 raciones

INGREDIENTES

½ taza de mijo

½ taza de orejones (albaricoques secos sin sulfato)

sal marina

1 cucharada de ralladura de naranja

½ taza de coco rallado

1/3 de taza de piñones

1 y ¼ tazas de jugo de manzana o agua

mermelada de melocotón (opcional)

1. **Hervir los orejones** troceados con agua o zumo de manzana, la pizca de sal marina y la ralladura de naranja, durante 10 minutos.

2. **Añadir el mijo,** tapar y cocer a fuego muy lento durante 25 minutos.

3. **Dorar ligeramente los piñones** en una sartén sin aceite.

4. **Añadir al mijo cocido** el coco rallado y los piñones. Mezclar bien. Hacer pequeñas bolas con la ayuda de las manos, ligeramente mojadas. Dejar enfriar.

5. **Decorar** cada bola con un poco de mermelada (opcional).

Ceviche de frutas

Para 4-6 raciones

Tiempo elaboración: 20 minutos + tiempo de maceración

1. **Lavar muy bien toda la fruta** y cortarla de forma regular, colocarla en un recipiente con tapa.

2. **Cubrir las frutas** con una mezcla a partes iguales de los zumos de lima, naranja, pomelo y limón; debe quedar bastante líquido. Mezclar muy bien todo e incorporar el azúcar, la sal y la guindilla. Añadir también unas hojitas de menta, unos granos de pimienta negra y unas hojitas de orégano fresco.

3. **Macerar la fruta** durante unas tres horas en la nevera.

4. **Servir en copas** con un poco del jugo, hojitas frescas de menta y orégano y pimienta negra recién molida.

INGREDIENTES:

2 plátanos, 2 kiwis

1 melocotón, 1 pera

1 mango, 1 trozo de sandía

algunos frutos rojos

zumo de lima

zumo de naranja

zumo de pomelo

zumo de limón

1-2 cucharadas de azúcar

1 cucharadita de sal

unos granos de pimienta

pimienta negra recién molida

1 guindilla fresca (opcional)

unas hojas de menta fresca

unas hojitas de orégano fresco

Gel de palosanto y granada, con aroma de naranja y menta

para 4-6 personas
tiempo elaboración:
15 minutos

INGREDIENTES:

4 palosantos (caquis)
grandes bien maduros

1 granada bien madura

2,5 cm de jengibre
rallado

1 rama de menta fresca
picada

1 cucharada de sirope
de agave

3 cucharadas de zumo
de naranja fresco

1 cucharada de zumo de
limón

½ cucharadita de canela
en polvo

1 pizca de sal rosa de
himalaya

1. Para la sopa. Abrir la granada, sacar las pepitas y reservarlas.

2. Limpiar los caquis. Abrirlos con un cuchillo, y con una cuchara sopera extraer toda la carne de la fruta y transferirla a un cuenco de cristal.

3. Con un tenedor, "chafar" la carne de los palosantos bien fina, pero que quede textura.

4. Añadir el jengibre rallado, la menta cortada en tiras finas, el sirope de ágave, el zumo de naranja, el zumo de limón, la canela, la sal y mezclarlo todo bien.

5. Servir en vasos y decorar con pepitas de la granada y unas hojas de menta.

Flan veggie de pera y coulis de ciruela

1. **Lavamos las peras,** les quitamos la piel y el corazón, las colocamos en una cazuela con un fondo de agua junto con la cáscara de limón y la canela en rama y hervimos para hacer una compota. Cuando ya esté la pera cocida se retira del fuego, se saca la canela y el limón y se tritura.

2. **En un cazo pequeño** se añade el vaso de zumo de pera y el agar-agar; lo cocemos 10 minutos hasta disolverse por completo el agar-agar, lo juntamos con la compota y lo mezclamos.

3. **Cogemos las flaneras** y en el fondo ponemos una cucharadita de concentrado de manzana liquido y después la mezcla del flan, lo dejamos enfriar en la nevera y una vez bien fríos los desmoldamos.

4. **Mientras tanto preparamos el coulis** de ciruela: cocemos la fruta con poca agua, la canela y la pizca de sal. Cuando estén blandas las trituramos y vertemos la salsa sobre los flanes. Servimos.

Para 4 raciones
Tiempo preparación:
30 minutos

INGREDIENTES:

1 k de peras

la piel de 1 limón bio

1 rama de canela

3 cucharadas de copos de agar-agar

1 vaso de zumo de pera

4 cucharaditas de concentrado de manzana liquido

Para el coulis de ciruela

1 taza de ciruelas secas sin hueso

1 rama de canela

1 pizca de sal marina

2-3 personas

INGREDIENTES

4 manzanas cortadas
a trozos

½ taza de orejones secos

pizca de sal

½ vaina de vainilla abierta

2-3 c.s. crema de
almendras o 4 c.s. de
almendra en polvo

unas gotas de esencia
de almendra

almendra laminada y
tostada

Mousse de almendras

1. **Cortar los orejones secos** a trozos y cocerlos 10 minutos con ½ taza de agua, una pizca de sal y la vainilla.

2. **Añadir las manzanas** y cocer 15 minutos más.

3. **Pasar por la batidora** con el resto de ingredientes, hasta conseguir una consistencia de mousse.

4. **Decorar con almendra** laminada tostada.

Dulce de manzana y almendra con agar agar

1. **Se pelan las manzanas** y se cortan en gajos muy finos. Las ponemos a cocer con el zumo de manzana, el azúcar integral y el zumo de limón durante 10 minutos.

2. **Mezclamos el agar agar** con la bebida de soja.

3. **Cuando las manzanas estén tiernas** añadimos la mezcla de agar agar y bebida de soja y la almendra molida. Lo mezclamos todo y dejamos hervir 5 minutos más.

4. **Vertemos a moldes individuales** hasta que se cuaje bien. Al momento de servir espolvoreamos con la canela molida.

Nuestro consejo. También podéis poner la mezcla en un molde de pastel, dejar cuajar y servir en raciones.

Para 6 raciones
Tiempo de elaboración:
25 minutos más cuajado

INGREDIENTES

6 manzanas

1 taza de zumo de manzana

1 taza de azúcar integral de caña

el zumo de un limón

4 cucharadas soperas de agar agar

1 taza de bebida de soja

2 cucharadas de almendra molida

1 cucharadita de canela

Manzanas al horno rellenas con crema

Tiempo de preparación:
40 minutos

Tiempo de cocción:
45 minutos a 1 hora

INGREDIENTES

4 manzanas golden

1 ramita de canela

1 copa de vino de Oporto

10 cucharadas de azúcar

200 g de crema catalana

1. **Lavar bien las manzanas** y eliminar los corazones con un descorazonador. Disponerlas dentro de una bandeja que pueda ir al horno, preferiblemente sobre una silk pad o un papel sulfurizado. Colocar un trocito de canela en su interior.

2. **Regarlas con el Oporto** y espolvorearlas con 5 cucharadas de azúcar. Cocerlas en el horno precalentado a 180° hasta que estén blandas (entre 45 minutos y una hora, aproximadamente).

3. **Dejarlas enfriar** y escurrirlas bien.

4. **Con la ayuda de una manga pastelera,** rellenarlas con la crema catalana.

5. **Espolvorearlas** con el resto del azúcar y quemarlo como si se tratara de una crema catalana.

6. **Se pueden servir frías** acompañadas de una reducción de vino de Oporto.

Nuestro consejo. Para hacer la reducción de Oporto únicamente se cuela el líquido de cocción de las manzanas y se hierve a fuego lento hasta que tenga una consistencia un poco espesa. Para que espese antes, se puede añadir un poco de azúcar. Dejar enfriar antes de servir. Recordar que a medida que el líquido pierda temperatura adquirirá cuerpo, por lo que no se debe reducir en exceso.

Para 4 personas
Tiempo de preparación: unos 30 minutos

INGREDIENTES

100 g de azúcar

50 g de azúcar glas

50 g de láminas de almendras tostadas

200 ml (aprox.) de vino blanco seco (opcional)

200 ml de leche de almendras

2 peras Williams, maduras

1 vaina de vainilla

1 limón biológico (el zumo)

flores de violeta para decorar

Peras cocidas con frutos secos

1. **Pelar las peras,** partirlas por la mitad, quitar los corazones e introducirlas en una cazuela. Cubrir opcionalmente con el vino. Cortar la vainilla en sentido longitudinal, mezclar la vaina y la médula con el azúcar y el zumo de limón.

2. **Pochar las peras** durante 15 min hasta que queden blandas, luego dejar enfriar dentro de su caldo. Sacar del caldo (se pueden cortar en gajos grandes si se prefiere).

3. **Mezclar la leche de almendras** con el azúcar glas. Colocar en un plato hondo la pera, cubrir con la espuma de almendras y posteriormente decorar con las almendras laminadas y las flores de violeta.

Crema catalana (o natillas) veggie

Para 6 raciones
Tiempo preparación:
20 minutos más el
tiempo de enfriado

1. **En un cazo diluimos** el agar agar y la sal con la bebida de soja, añadimos las pieles de cítricos y la rama de canela y llevamos a cocer hasta el punto de ebullición.
2. **En un bol mezclamos** la fécula de maíz y el azúcar integral y lo añadimos a la bebida hirviendo; cocemos durante un minuto y retiramos.
3. **Repartimos la mezcla** en cazuelitas y dejamos enfriar al menos 6 horas en la nevera.
4. **Añadimos el azúcar** por encima y llevamos a gratinar hasta que el azúcar funda. Servimos.

INGREDIENTES

1 litro de bebida de soja

¼ cucharadita de agar agar en polvo

½ cucharadita de sal

la piel de un limón bio

la piel de una naranja bio

1 rama de canela

40 g de fécula de maíz

170 g de azúcar integral de caña

azúcar para espolvorear por encima

Arroz con leche y frutos rojos

8 raciones

Tiempo de preparación: 28 minutos

INGREDIENTES:

10 cucharadas soperas de arroz blanco de grano redondo

1 litro de bebida de soja

10 cucharadas de azúcar integral de caña

1 cucharadita de extracto de vainilla

1 anís estrellado

1 rama de canela

la piel de 1 naranja bio

180 g de frutos rojos variados

1 puñado de hojas de menta frescas

el zumo de 1 limón y de 1 naranja

2 cucharadas de sirope de arce

almendras tostadas

1. Colocar en una cacerola el arroz junto con la bebida de soja, el azúcar integral, el extracto de vainilla, el anís, la canela y la piel de naranja. Llevar al fuego y cocer a fuego medio hasta que el arroz esté cocido. Remover de vez en cuando para que no se pegue y quede cremoso.

Es posible que sea necesario añadir un poco más de bebida de soja (¡tenerla a mano!). En el último momento seguir revolviendo fuera del fuego hasta que se enfríe por completo.

2. Mientras se enfría, poner los frutos rojos limpios en un cuenco con los zumos de cítricos, las hojas de menta y el sirope. Servir el arroz con leche con los frutos rojos macerados y su jugo. Colocar por encima las almendras tostadas. Para una presentación más elegante podéis armar capas en copas o vasos alternando el arroz con leche con los frutos rojos y acabar decorando con hojas de menta y almendras picadas.

Trufas verdes con pistachos

1. **Ponemos los pistachos** en un robot de cocina o un triturador y molemos hasta tener un polvo; reserva dos cucharadas rasas. Luego tritura las macadamias.

2. **Trasladamos ambos** triturados a un bol y añadimos el sirope de ágave de a poco, hasta que podamos hacer una masa uniforme con las manos.

3. **Entonces tomamos pequeños trozos** con las manos limpias y secas y formamos piezas redondas. Finalmente las espolvoreamos con el pistacho en polvo que habíamos reservado.

Nuestro consejo. Se pueden encontrar pistachos pelados en tiendas especializadas en frutos secos. De lo contrario tienes que pelar los que llevan cáscara, y luego escaldarlos en agua caliente para acabar de quitarles la fina piel que los recubre. Puedes presentarlas en cajitas tapizadas con papel de hornear (o papel vegetal)

Para 20 piezas
Tiempo elaboración:
15 minutos

INGREDIENTES

140 g de pistachos crudos pelados

100 g de nueces de macadamia (puedes sustituir por almendra marcona)

2,5 a 3 cucharadas de sirope de ágave

Baklava

18 raciones

Tiempo de elaboración:
45 minutos

INGREDIENTES:

1 paquete de pasta filo

aceite de sésamo

para el almíbar:

10 cucharadas soperas
de azúcar

integral de caña

½ cucharadita de canela
molida

2 clavos de especia, 1
limón

2 cucharadas de agua de
azahar

½ vaso de agua mineral

para el relleno:

100 g de nueces peladas

50 g de pistachos
pelados y sin sal

2 cucharadas de semillas
de sésamo

2 cucharadas de semillas
de amapola

1. Preparamos el almíbar: en un cazo se echa el azúcar con la canela, los clavos, el zumo del limón y las 2 cucharadas de agua de azahar, se carameliza a fuego suave y se le echa el agua hasta que forme el almíbar.

2. Extendemos una capa de pasta filo en una bandeja de horno y pincelamos con el aceite de sésamo. Se superponen otras tres más haciéndoles el mismo proceso.

3. Echamos las nueces y los pistachos picados finamente y espolvoreamos con las semillas de sésamo y amapola. Se riegan los frutos secos con el almíbar.

4. Se vuelven a extender otras tres capas de pasta filo mojadas en el aceite de sésamo y otra capa de frutos secos con semillas y almíbar.

5. Terminamos con otras tres capas de pasta filo pinceladas con aceite de sésamo pero dejamos la capa de arriba libre ya que sólo llevará el almíbar.

6. Se hacen unos cortes en forma de rombo en la superficie, para poder cortar sin problemas el pastel después de cocido.

7. Calentamos el horno a 180°C. Hornear durante unos 20 minutos, hasta que la superficie esté bien dorada

Donuts de manzana al caramelo

1. **Mezclar los ingrediente**s de la pasta para el rebozado hasta obtener una consistencia espesa y sin grumos. Enfriar en la nevera como mínimo media hora. Añadir el jugo del jengibre y mezclar bien.

2. **Calentar el aceite** para freír.

3. **Secar bien cada anillo** de manzana con la maicena. Sumergir cada trozo de manzana en la pasta del rebozado y freír hasta obtener un color dorado y una consistencia crujiente. Retirar, secar en un papel absorbente el exceso de aceite.

4. **En un cazo, hervir la melaza** (¡sin añadir agua!), sin tapa, removiendo constantemente hasta que se espese un poco, pero sin quemar. Verter un poco de esta melaza al caramelo con cuidado encima de cada trozo de manzana.

5. **Servir inmediatamente** con algunas fresas frescas para acompañar

2 personas

INGREDIENTES

2 manzanas dulces peladas enteras, descorazonadas y cortadas a rodajas de unos 2 cm. cada una

½ taza de maicena

aceite para freír

Para el rebozado:

½ taza de harina semi-integral bien tamizada

pizca de sal marina

½ c.c. de canela en polvo

agua con gas

1 cucharada de jugo fresco de jengibre (rallado y escurrido)

Para el caramelo:

½ tarro de melaza de cebada y maíz o miel de arroz

Decoración:

fresas frescas.

Coquitos almendrados de zanahoria y limón

15 a 18 unidades

Elaboración: 15 minutos
más cocción: 30 minutos
y horneado: 15 minutos

INGREDIENTES:

1 limón
(la corteza y el zumo)

100 ml de agua

150 g de azúcar rubio
integral de caña

500 g de zanahorias
peladas

75 g de harina de
almendra

75 g de coco rallado

50 g de granillo de
almendra cruda

1. **Pelar parte de la cáscara** del limón con cuidado de llevamos lo mínimo posible de la parte blanca. Cocerla a fuego medio junto con 100 ml de agua y 30 g de azúcar hasta que esté confitada (unos 10 min). Picar esta cáscara finamente cuando esté fría.

2. **Rallar las zanahorias** y meterlas en un cazo junto con el azúcar restante y el zumo del limón pelado. Cubrir toda la zanahoria con agua y cocer una media hora, o hasta que esté tierna.

3. **Colar el exceso de agua** de la zanahoria y triturarla tibia hasta que quede como un puré espeso, ayudándonos del agua que ha sobrado de la cocción si hiciera falta. Mezclar la cáscara de limón confitada con el puré de zanahoria.

4. **Mezclar bien la harina** de almendras con el coco rallado y agregar poco a poco al puré de zanahoria mientras removemos.

Cuando quede una pasta bien homogénea, formar bolas del tamaño de una pelota de ping-pong. Pasarlas por el granillo de almendra cruda y poner en una fuente con papel para horno.

5. **Introducir en el horno** precalentado y dejar unos 15 min a 180°C, o hasta que se dore un poco el granillo.

Notas del chef. Para elaborar estos dulces es mejor elegir las zanahorias más pequeñas, que son las más dulces y las menos amargas.

Unos deliciosos dulces sin grasas saturadas ni gluten pero cargados de betacarotenos para iniciamos en la repostería vegana.

Rocas de amapola y plátano

1. **Mezclar la harina,** el bicarbonato, la canela, la vainilla y la sal en un bol grande. Mezclar en otro bol el azúcar, el aceite y el agua. Machacar el plátano maduro con un tenedor e incorporar a la mezcla húmeda.

2. **Mezclar con una espátula de goma** el contenido de ambos boles junto con los copos de avena y las semillas de amapola. Si queda muy seco, podemos agregar una cucharada más de agua. Dejar reposar unos minutos para que la mezcla se compacte mientras ponemos el horno a precalentar.

3. **Para que todas las galletas** tengan más o menos el mismo tamaño, coger bolas de masa con ayuda de una cuchara de helado y colocarlas, empujando con una cucharita, sobre una bandeja de horno engrasada o una hoja de papel para horno. No llenar demasiado la cuchara de helado e ir dejando un poco de separación entre cada galleta.

4. **Cocinar las galletas** a 170°C (mejor, convección) durante unos 12 min. Sacar del horno cuando la base (y bordes) cojan un color marrón oscuro.

Notas del chef. Hay que esperar a que se enfríen antes de comerlas, y después guardarlas en un bote o caja de lata para que no se reblandezcan. No hacen falta ni mantequilla ni huevos para hacer unas galletas perfectas. Estas además son bajas en grasas y muy nutritivas.

14-16 galletas

Tiempo de elaboración: 15 minutos más horneado: 12 minutos

INGREDIENTES:

100 g de harina de trigo

½ cucharadita de bicarbonato o levadura (tipo royal)

1 cucharadita de canela molida

1 pizca de vainilla en polvo

1 pizca de sal marina

100 g de azúcar integral de caña

40 ml de aceite de oliva suave

2 cucharadas de agua

1 plátano grande maduro

140 g de copos finos de avena

3 cucharadas de semillas de amapola

para 4 personas
Tiempo de preparación:
unos 30 minutos +
tiempo de enfriado

Panna cotta con frambuesas

INGREDIENTES

1/8 de litro de leche de
soja (preferiblemente
con sabor a vainilla)

375 ml de leche de coco

25 ml de zumo
concentrado de ágave
(o de manzana)

2 cucharadas de
espesante

2 cucharaditas de agar-
agar

4 ramitas de lavanda
(u hojas de menta)

frambuesas frescas
(o bien fresones)

1. **Mezclar el espesante y el agar-agar** en 50 ml de leche de coco. Echar esta mezcla al resto de la leche de coco, mezclar con la leche de soja y llevar a ebullición.

2. **Incorporar el zumo de agave** y dejar reposar durante 5 min. Lavar con agua fría cuatro moldes (de 150 ml de capacidad), llenarlos con la masa de coco y dejar enfriar durante unas 5 h.

3. **Desmoldar sobre platos fríos** y decorar con las frambuesas y la menta o la lavanda. Se puede espolvorear por encima coco rallado, según vuestras preferencias.

Cocina sin fuego. El arte de la cocina cruda

La base de la cocina cruda o "cocina no cocinada" es optar por un estilo de vida saludable a partir de la alimentación. La cocina cruda se basa en frutas y verduras ecológicas y maduras, frutos secos y brotes de semillas y evita los productos de origen animal. Alimentos que han crecido de forma orgánica, crudos y vivos para proporcionar al ser humano una nutrición mayor y mejorar tanto la digestión como el funcionamiento del sistema inmunológico.

Muy saludable

El marco teórico en que se basa la cocina cruda dice que los alimentos procesados / cocinados, la carne, el pan, los productos lácteos, la cafeína y el alcohol crean un estado ácido en el cuerpo. Dicho estado no es natural y provoca problemas de salud como el exceso de peso, la diabetes y, con el paso de años y años de dieta convencional, todo tipo de trastornos.

La elección de alimentos vivos ayuda a devolver al cuerpo un estado alcalino, lo que resulta un factor clave para crear y mantener una salud

Cómo activar y deshidratar los frutos secos

Este recurso aparece en varias recetas de este capítulo. Consiste en remojar en agua un fruto seco (almendras, por ejemplo) durante una noche. Se cuelan, se lavan y luego se deshidratan hasta que queden bien crocantes. El resultado serán unas almendras muy crujientes y con un sabor espectacular. Podemos probar también con otros frutos secos y semillas, como las pipas de girasol o de calabaza, nueces, trigo sarraceno germinado, sésamo…

excelente: se absorben mejor los nutrientes de los alimentos y se expulsan las toxinas de manera más eficiente.

Además, la cocina cruda es también rica en fitonutrientes, antioxidantes y enzimas. Las investigaciones médicas han puesto de manifiesto que los fitonutrientes reducen el riesgo de enfermedades cardiovasculares, infarto, diversos tipos de cánceres, esclerosis múltiple y diabetes tipo 2.

Los deshidratadores, un utensilio protagonista en el equipamiento de la cocina cruda actual

Por último, el cuerpo humano requiere de enzimas para digerir los alimentos y, en consecuencia, obtener una digestión óptima, un proceso que también es clave para gozar de un buen estado de salud.

De hecho, los crudos siempre han formado parte de la alimentación natural humana. Tanto, que hasta hoy mismo, los médicos, dietistas y terapeutas naturistas, tienen muy en cuenta en sus prescripciones la combinación diaria basada en dos dietas crudas y una cocida (o a la inversa). En este sentido, la alimentación "viva" que propone la actual tendencia "raw food" es una visión radical de la cuestión.

¿Es simplemente comida "fría"?

No, de la misma forma que tampoco se trata de comer de manera aburrida. La cocina cruda no significa necesariamente que el alimento no haya sido tratado con calor, sino que no ha sido cocinado a la manera tradicional. En este tipo de cocina saludable los alimentos son tratados de forma natural (por ejemplo utilizando procesos como la deshidratación, la marinación y la fermentación).

De esta forma, los alimentos mantienen una textura y un sabor como si fuesen cocinados. Algunos platos pueden llegar a ser calentados con cuidado hasta los 38°C (a partir de esa temperatura, los alimentos pierden enzimas, fitonutrientes, vitaminas y minerales).

Pastel de pera "all raw"

1. Para la base. Cuela y lava las almendras y tritúralas junto con los dátiles y la canela en un robot de cocina hasta obtener una masa moldeable.

2. Pon la masa en un molde con tus propias manos cubriendo todo con una capa de 1 cm de alto, incluidos los bordes. Si no tienes molde, puedes prescindir de él dándole forma a la masa con las manos.

3. Para el relleno. Pela y ralla la pera, agrégale el anís molido. Mezcla bien y coloca sobre la base.

Consejos. Puedes utilizar la pulpa de las leches como sustituto de las almendras, que por otra parte las puedes sustituir por otro fruto seco.

En lugar de dátil, prueba con pasas, higos u otro dulce Conviene utilizar moldes que sean desmoldables.

El relleno tiene mil variaciones: manzana, higos, fresas, albaricoque, mango), así como alguna crema veggie o una mousse de cacao.

INGREDIENTES

Para la base

200 g de almendras (previamente remojadas en agua unas 12 horas)

20 dátiles en rama

1 cucharadita de canela

Para el relleno

500 g de peras

1 cucharadita de semillas de anís

123

Pastel de zanahoria del "Espiritual Chef"

INGREDIENTES

Para la base

800 g de zanahorias

la ralladura de dos limones

15 dátiles

¼ de haba tonka

100 g de coco rallado

1 cucharada de aceite de coco

25 g de semillas troceadas de cacao

Para el relleno

300 g de anacardos (remojados

previamente en agua entre 3 y 8 horas)

el zumo de dos limones

1 cucharada de aceite de coco

una pizca de sal

una pizca de vainilla en polvo

60 ml de sirope de agave u otro endulzante

molde de 6 cm de diámetro por 4 cm de alto

1. Para la crema de los dioses al limón. Cuela y lava los anacardos. Tritúralos en la batidora con el resto de los ingredientes y enfría.

2. Para la base. Con un extractor de zumo extrae el zumo de toda la zanahoria para obtener la pulpa. Reserva 60 ml del zumo y el resto tómalo o utilízalo para otra receta.

3. Tritura en el robot de cocina la pulpa junto a la ralladura de limón, los dátiles, el coco seco y la haba tonka.

4. Agrega por último los 60 ml de zumo de zanahoria, el aceite de coco y las semillas de cacao y mezcla bien.

5. Pon la base en el molde cubriendo hasta un poco más de la mitad y completa esparciendo la crema por arriba.

Consejos. Por separado, la base y la crema se pueden conservar en un recipiente hermético en la nevera de cuatro a cinco días.

Notas del chef. El haba tonka es una especia muy aromática. Es una semilla que se encuentra dentro del fruto de un árbol propio de varios países de América Central. Sólo con un poquito puedes aromatizar mucho. Si no tienes esta especia, puedes usar otra, como vainilla, nuez moscada, clavo o jengibre (o bien no utilizar ninguno).

Haba tonka

Helado raw de plátano y mango con salsa de chocolate

INGREDIENTES

Para el helado

250 g de mango

Para la salsa de chocolate

60 ml de aceite de coco derretido

60 ml de sirope de agave u otro dulce

1 cucharada colmada de cacao en polvo

1. Para el helado. Pela y corta en rodajas el plátano y el mango y ponlos a congelar. Una vez congelados, tritúralos bien hasta obtener una consistencia cremosa. Lo puedes mantener en el congelador en un recipiente hermético.

2. Para la salsa de chocolate. Tritura todos los ingredientes hasta que queden unidos . Obtendrás una salsa increíble. Para el montaje, dispón dos bolas de helado y báñalas con la salsa. La salsa puedes ponerla en un biberón de cocina y usarla con lo que más te guste.

Barritas de chocolate

1. **Derrite al baño maría la manteca de cacao.** En la procesadora, tritura el resto de los ingredientes excepto los dátiles.

2. **Una vez triturado todo,** ve agregando uno a uno los dátiles. Pasa la pasta a un bol, agrega la manteca de cacao derretida y mezcla bien.

3. **Moldea sobre una bandeja antiadherente** con la ayuda de un palo de cocina.

4. **Crea una forma rectangular** de una altura de 2 cm y corta en pedazos. Guárdalos en el congelador y cuando estén bien duros, pásalos a un recipiente hermético y guárdalos en el frigorífico.

Notas del chef. Este excelente bocado saciará la necesidad de dulce y de cacao. Tiene una textura consistente a base de frutos secos endulzada con dátiles.

INGREDIENTES

60 g de manteca de cacao

100 g de almendras activadas y deshidratadas (ver procedimiento en este capítulo)

25 g de nueces activadas y deshidratadas

125 g de trigo sarraceno activado y deshidratado

50 g de coco seco

60 g de cacao crudo en polvo

1 cucharada de lúcuma en polvo

½ cucharada de maca en polvo

½ cucharada de espirulina en polvo

una pizca de sal marina

20 dátiles en rama

Dátiles bañados en choco rellenos de almendras crocantes

INGREDIENTES

20 dátiles en rama

una receta de choco vivo
(verla en este capítulo)

20 almendras activadas
y deshidratadas (ver
procedimiento en este
capítulo)

1. **Rellena cada dátil** con una almendra.
2. **Con cuidado,** con una pinza o con un tenedor, sumerge cada dátil en el choco base y colócalos en una rejilla metálica fina, una hoja del deshidratador o papel de horno, sobre una bandeja. Pon a enfriar, y ¡listo!

Pastel de mousse de aguacate y cacao

1. Para la mousse. Marina mínimo 1 hora los dátiles con el zumo de naranja y la ralladura. Tritúralos junto a los aguacates y el cacao y reserva en el frigorífico.

2. Para la base. Tritura todos los ingredientes hasta obtener una masa moldeable. Para el montaje Pon la base en el molde con tus propias manos, moldea y cubre con la mousse.

Nuestro consejo. Si sustituyes el cacao y la naranja del mousse por zumo de limón o lima, obtendrás un mousse de limón exquisito.

La mousse se puede conservar en un recipiente hermético en la nevera de cuatro a cinco días.

INGREDIENTES

Para la base

250 g de nueces activadas y deshidratadas

(ver procedimiento en este capítulo)

Para la mousse

2 aguacates grandes

4 cucharadas de cacao en polvo

10 dátiles u otro dulce

el zumo y ralladura de una naranja bio

Rollitos de almendra, dátil y manzana

INGREDIENTES

600 g de manzana

280 g de almendras crudas con piel

210 g de dátiles

1. **Remoja las almendras** entre 24 y 48 horas. Cada 12 horas cambia el agua. Una vez remojadas escúrrelas, lávalas y después pélalas.

2. **Pela y corta las manzanas** a rodajas muy finas.

3. **En una bandeja del deshidratador** y sobre una hoja de teflex, coloca las rodajas de manzana parcialmente superpuestas hasta cubrir toda la superficie. Es recomendable ponerles un peso (por ejemplo, otra bandeja) encima, para que queden planas, mientras se deshidratan.

4. **Deshidrata durante 8 horas.** Dales la vuelta, quita la hoja de teflex y vuelve a deshidratar 8 horas más, manteniendo el peso encima. Es importante que queden sin humedad, pero lo suficientemente blandas para poderlas moldear.

5. **Mientras, tritura las almendras y los dátiles** (sin hueso) en un robot de cocina, hasta que quede una masa fina.

6. **Una vez deshidratada la manzana,** córtala a cuadros de 5x5 cm aproximadamente.

7. **Rellena los cuadrados de manzana** con la masa anterior y forma rollitos, como si fueran pequeños canelones. Guárdalos en un sitio fresco y seco.

INGREDIENTES

500 ml de leche de almendras o de otro fruto seco

5 cucharadas de semillas de chía

1 cucharadita de vainilla

60 ml de sirope de agave u otro dulce

Para la salsa de fresas

100 g de fresas

2 cucharadas de azúcar de coco

1 cucharada de chía

Para decorar

100 g de fresas

100 g de arándanos

Crema de chía con fresas

1. Para la crema. Introduce todos los ingredientes en la leche y mezcla bien con una varilla hasta que todo quede incorporado. Pon a enfriar hasta que cuaje, más o menos unas 2 horas. Remueve con frecuencia.

2. Para la salsa. Limpia las fresas y tritúralas bien con todos los ingredientes. Lleva a enfriar.

3. Para el montaje. Ve poniendo la crema en un vaso, luego la salsa y por último las fresas con los arándanos, intercalándolos a tu gusto.

Notas del chef. La chía es una preciosa y pequeña semilla que proviene de la cultura maya y azteca. Contiene muchos nutrientes, entre ellos una gran cantidad y calidad de ácidos grasos omega 3.

Flapjacks con cobertura de vainilla

1. **En un bol fundimos la margarina** al baño maría y mezclamos con el sirope de arce y la avena.
2. **A continuación** colocamos la mezcla en una fuente de hornear.
3. **Horneamos** a 150 °C hasta que los bordes empiecen a estar dorados. Reservamos en frío.
4. **En un bol mezclamos la margarina,** el azúcar y la vainilla.
5. **Finalmente extendemos la mezcla** por encima de los flapjacks y cortamos en rectángulos.

12 personas
Tiempo de elaboración:
15 minutos

INGREDIENTES

350 g de avena

200 g de margarina bio no hidrogenada

100 ml de sirope de arce

200 g de azúcar glas

1 cucharadita de vainilla

Tarta helada de mango sin cocción

Para 6-8 raciones

Tiempo elaboración:
20 minutos más tiempos
de remojo y congelación

INGREDIENTES

Para la base y la cobertura

150 g de anacardos

100 g de avellanas

100 g de dátiles

10 ml de zumo de limón

20 ml de ágave

una pizca de sal

Para el relleno

100 g de anacardos

600 g de mango

60 ml de ágave

10 ml zumo de limón

Una pizca de sal

1. Preparamos la base de la tarta. En un robot de cocina triturar los anacardos y las avellanas un poco gruesas.

2. Añadir los dátiles troceados junto con el zumo de limón, el ágave y la sal. Volver a triturar hasta obtener una masa homogénea.

3. En un molde desmontable colocar en la base una lámina de papel film y con la mitad de la masa obtenida formar una galleta para la base. Desmontar, envolver la masa y colócala en el congelador.

4. Repetir el mismo procedimiento con el resto de la masa para la galleta de la cobertura.

5. Para hacer la crema del relleno, remojamos los anacardos unas 8 horas. Pasado ese tiempo los escurrimos y los trituramos hasta conseguir una masa.

6. Pelamos el mango, quitamos el hueso y lo troceamos.

7. Añadimos a la masa, el mango, el ágave, el zumo de limón, la sal y volvemos a triturar hasta conseguir una crema espesa.

8. Una vez tengamos todo, colocamos una lámina de papel film en un molde para pasteles desmontable, disponemos una de las galletas y a continuación la crema espesa. Llevamos al congelador.

9. Cuando la crema esté cuajada colocamos la otra galleta y volvemos a llevar al congelador.

10. Retiramos media hora antes de servir para facilitar el corte.

Postre helado de jengibre, sirope de arce y nueces con brownie

1. **Hacemos el brownie.** Fundimos el chocolate y la margarina al baño maría en un mismo bol.

2. **Tamizamos la harina** y la levadura en un bol; añadimos el azúcar y la sal.

3. **Echamos la mezcla del chocolate** y la margarina ya fundidos en el bol de la harina y añadimos el agua y la vainilla.

4. **Batimos bien durante 5 minutos** hasta que quede una masa lisa y brillante.

5. **Añadimos las nueces** y removemos bien.

6. **Calentamos el horno** a 180°C. Vertemos la mezcla en una bandeja de 20x40 horneamos durante 40 minutos.

7. **Ahora preparamos la crema helada.** Poner a hervir el agua con la raíz de jengibre y dejar que hierva 1 minuto a fuego bajo.

8. **Colamos la infusión** y guardamos el líquido en la nevera hasta que esté bien frío.

9. **Ponemos los anacardos,** la infusión fría y el sirope de arce en un vaso triturador y trituramos hasta conseguir una crema lisa y homogénea.

10. **Echamos la crema** en el recipiente de hacer helados y seguimos las instrucciones del fabricante de la máquina que empleemos.

11. **Una vez hecho el helado** añadimos las nueces picadas.

12. **Servir el helado** con unos trocitos de brownie al lado.

Para 12 raciones
Tiempo de preparación: 3 horas

INGREDIENTES

Para el brownie:

250 g de margarina vegana

200 g de chocolate negro

375 g de azúcar integral de caña

300 g de harina de trigo

1 cucharadita de levadura en polvo para hornear

1 cucharadita de sal

250 ml de agua

1 cucharada de vainilla seca o líquida

100 g de nueces picadas

Para el helado:

500 ml de agua embotellada

1 trocito de raíz de jengibre

300 g de anacardos crudos

100 ml de sirope de arce

100 g de nueces picadas

Helado de arándanos y limón con crumble de almendra

Para 6 raciones

Tiempo de preparación: 40 minutos + tiempo de congelación

INGREDIENTES

Para el crumble:

150 g de almendra tostada y pelada

150 g de margarina vegana

150 g de azúcar integral de caña

150 g de harina de trigo

1 cucharadita de sal

Para el helado de arándanos y limón

300 g de anacardos crudos

500 ml de agua embotellada

180 g de sirope de agave

la ralladura de dos limones

200 g de arándanos frescos

1. **Para hacer las galletas crumble,** mezclamos todos los ingredientes en un bol y reservamos la masa en la nevera.

2. **Con la ayuda de un rallador,** rallamos la masa sobre un corta pastas cuadrado hasta hacer 12 piezas diferentes.

3. **Horneamos a 180°C** hasta que las galletas estén doradas.

4. **Preparamos la crema helada.** Ponemos los anacardos, el agua, el sirope de agave y la ralladura de los limones en un vaso triturador hasta conseguir una crema lisa y homogénea.

5. **Vertemos la crema** y los arándanos en el bol de hacer helados y seguimos las instrucciones del fabricante de la máquina que empleemos.

6. **Una vez finalizado el proceso** colocamos el helado en corta pastas cuadrados del mismo tamaño que el crumble. Rellenamos 6 moldes corta pastas y guardamos en el congelador.

7. **Desmoldar los helados** de los corta pastas y ponerlos entre dos galletas crumble unos segundos antes de servirlos.

Helado de pistacho y fresa con sablé bretón

1. **Hacemos las galletas (sablé bretón).** Mezclamos todos los ingredientes en un bol. Luego estiramos la masa en una bandeja y reservamos en el congelador durante 10 minutos.

2. **Calentamos el horno** a 180°C. Llevamos la bandeja al horno y cocemos hasta que el sablé esté dorado.

3. **Con la bandeja recién sacada del horno,** cortamos 12 trozos de sablé con la ayuda de un corta pastas. Reservamos en un lugar seco hasta su uso.

4. **Preparamos la crema helada.** Ponemos las almendras, el agua, el sirope de agave y el pistacho triturado en un vaso triturador hasta conseguir una crema lisa y homogénea.

5. **Vertemos la crema,** la frambuesa y el pistacho crudo entero en un bol de hacer helados y seguimos las instrucciones del fabricante de la máquina que empleemos.

6. **Una vez finalizado el proceso** colocamos el helado en un corta pastas cuadrado del mismo tamaño que el sablé. Rellenamos 6 moldes corta pastas y reservamos en el congelador.

7. **Cortamos todas las fresas** por la mitad.

8. **Desmoldamos los helados** de los corta pastas, colocamos 4 mitades de fresas encima de cada helado y los ponemos entre dos sablés.

Para 6 raciones

Tiempo de preparación: 30 minutos + tiempo de congelación

INGREDIENTES

Para el sablé bretón:

300 g de harina de trigo

60 g de azúcar glas

180 g de margarina vegana

1 cucharadita de sal

1 cucharadita de vainilla

Para el helado de pistacho, frambuesa y fresa:

300 g de almendra cruda

500 ml de agua embotellada

180 g de sirope de agave

50 g de pistacho crudo triturado

50 g de frambuesa fresca

100 g de pistacho crudo entero

12 fresas frescas

Crumble de manzana

10 personas

Tiempo de elaboración:
40 minutos

INGREDIENTES

100 g de harina de trigo

100 g de azúcar integral
de caña

100 g de harina de
almendra

100 g de margarina bio
no hidrogenada

1 cucharadita de sal

5 manzanas golden

1 cucharadita de canela

2 limones

1. **Pelamos y cortamos las manzanas** a dados. Introducimos la fruta en una bandeja y cubrimos con el zumo de los limones y la canela.
2. **En un bol mezclamos** las distintas harinas, el azúcar, la margarina y la sal.
3. **Rallamos la masa** resultante con la ayuda de un rallador y espolvoreamos por encima de la manzana.
4. **Horneamos a 180°C** hasta que la superficie del crumble empiece a dorarse.

Notas del chef. El crumble es un pastel típico inglés elaborado con todo tipo de fruta, como manzanas, uvas, ciruelas, peras...

Chupa-chups de plátano

1. Insertamos una rodaja de plátano en cada brocheta e introducimos en el congelador.

2. En un bol fundimos el chocolate y la margarina al baño maría.

3. Incorporamos el aceite de girasol y mezclamos bien.

4. Bañamos las rodajas de plátano con el chocolate fundido y añadimos la almendra crocanti.

5. Servimos bien frío pero no congelado.

Notas del chef. Para elaborar un sencillo crocanti de almendras casero basta con triturar 100 g de almendras crudas y saltearlas en una sartén con 1 cucharada de aceite de oliva o girasol. Cuando empiecen a tostarse incorporamos 1 cucharada de azúcar y mezclamos bien. Cuando el azúcar se haya disuelto, apartamos del fuego y dejamos enfriar.

6 personas

Tiempo de elaboración:
20 minutos

INGREDIENTES

1 plátano

50 g de crocanti de almendras

200 g de chocolate con 70% de cacao

150 g de margarina

50 g de aceite de girasol

12 brochetas largas de madera

Cupcake de chocolate y fresas

6 personas

Tiempo de elaboración: 45 minutos

INGREDIENTES

120 g de harina de trigo

10 g de maicena

½ cucharadita de sal

1 cucharadita de polvo de hornear

½ cucharadita de bicarbonato sódico

60 g de fresas

130 g de azúcar integral de caña

120 ml de agua

½ cucharadita de esencia de vainilla

90 ml de aceite de girasol

Para la crema:

60 g de margarina vegetal no hidrogenada

160 g de azúcar glas

1 cucharadita de esencia de vainilla

3 cucharadas de leche de soja

100 g de chocolate con 52% de cacao

1. **En un bol mezclamos la harina,** la maicena, el azúcar, la sal, el polvo de hornear y el bicarbonato.

2. **Incorporamos el agua,** la vainilla y el aceite de girasol.

3. **Cortamos las fresas** en pequeños trozos e incorporamos a la masa.

4. **Batimos la mezcla** hasta obtener una masa fina y homogénea.

5. **Repartimos la masa** resultante en 6 moldes de madalena y horneamos a 180°C hasta que los cupcakes estén listos. Pinchamos los bizcochos con un palillo de madera para comprobarlo.

6. **Dejamos enfriar** durante 3 horas en la nevera.

7. **Fundimos el chocolate** al baño maría.

8. **En otro bol mezclamos la margarina,** el azúcar glas, la leche de soja, la vainilla y el chocolate fundido.

9. **Batimos con fuerza** hasta que la crema no tenga grumos.

10. **Introducimos la crema** en una manga pastelera y decoramos cada madalena.

11. **Terminamos decorando** cada cupcake con una pequeña fresa.

Scones de arándanos

6 personas

Tiempo de elaboración:
25 minutos

INGREDIENTES

370 g de harina de trigo

130 g de azúcar

1 cucharada de polvo de hornear

una pizca de sal

2 limones

130 ml de agua

120 g de margarina

100 g de arándanos

1. En un bol mezclamos la harina, el azúcar, el polvo de hornear y una pizca de sal.

2. Incorporamos la margarina y amasamos hasta obtener una consistencia parecida a las migas.

3. Añadimos el agua y la ralladura de los limones. Seguimos amasando la mezcla.

4. Incorporamos los arándanos y formamos una masa circular. Cortamos la masa en 6 porciones y horneamos a 180°C durante 18 minutos.

Notas del chef. Los scones son unos deliciosos pastelillos de tradición anglosajona que suelen prepararse con frutos rojos, como las frambuesas o los arándanos (rojos o azules)

Nuestro consejo. El polvo de hornear se utiliza para aumentar el volumen de las masas y es especialmente recomendable en la elaboración de pasteles. Es más eficaz que el bicarbonato de sodio, ya que actúa a una temperatura inferior y es totalmente insípido.

Bolas de coco

1. **Introducimos el aceite de coco** en un cuenco y calentamos al baño maría hasta conseguir una textura bien líquida.

2. **En un bol mezclamos** la taza de coco rallado, la harina, el sirope, el aceite de coco y la sal hasta obtener una masa bien homogénea y compacta.

3. **Formamos pequeñas bolas** con la masa resultante y las rebozamos con coco rallado.

4. **Dejamos enfriar** en la nevera durante un par de horas y servimos bien frías.

Notas del chef. El aceite de coco es un aceite vegetal muy aromático y sabroso. Es rico en ácido láurico, un componente presente en la leche materna. Además de su uso culinario, es un excelente ingrediente para elaborar jabones y todo tipo de cosméticos caseros y naturales .

6 personas

**Tiempo de elaboración:
30 minutos (más 2 horas para enfriarlas)**

INGREDIENTES

1 taza de coco rallado

1 taza de harina de almendra

½ taza de sirope de agave

½ taza de aceite de coco

¼ de cucharadita de sal

coco rallado para el rebozado

Coca de cabello de ángel y naranja confitada

6 raciones

Tiempo preparación:
25 minutos más tiempo
previo de preparación

INGREDIENTES

Para el relleno de cabello de ángel:

1 kilo de calabaza confitera (especial para cabello de ángel)

300 g de azúcar integral de caña

1 vaina de vainilla

½ cucharadita de canela

¼ cucharadita de sal

Para las naranjas confitadas:

250 g de agua

125 g de azúcar integral de caña

4 naranjas

Para la coca:

1 masa de hojaldre

aceite de oliva

1. **El día anterior preparamos** el cabello de ángel. Calentamos el horno a 190°C.

2. **Pelar la calabaza,** cortarla por la mitad y quitar las semillas de dentro.

3. **Cortamos la pulpa** a dados y las colocamos en una fuente para horno.

4. **Tapamos con papel para hornear** y cocemos hasta que estén tiernos.

5. **Retiramos la calabaza** aún caliente y la ponemos en una olla. Añadir el azúcar y la vaina de vainilla abierta por la mitad. Deja reposar durante 1 hora.

6. **Cocinar a fuego bajo** durante 2 horas, como una mermelada. Con el fuego ya apagado añadimos la canela y la sal y dejamos enfriar.

7. **Para las naranjas confitadas.** Cortar las naranjas en rodajas muy finas y las colocamos en una bandeja.

8. **Ponemos a calentar el azúcar** con el agua; cuando arranque el hervor retiramos y vertemos sobre las rodajas de naranja.

9. **Dejamos macerar 24 horas;** luego escurrir las rodajas del almíbar.

10. **Preparamos la coca.** Calentamos el horno a 200°C.

11. **Estiramos la masa de hojaldre,** la cortamos en dos partes iguales y las pinchamos con un tenedor.

12. **Ponemos una de las masas** en una bandeja de horno, vertemos el cabello de ángel encima de la masa y colocamos por encima las naranjas confitadas.

13. **Cubrimos el relleno** con la otra masa de hojaldre girando los bordes para que esté bien cerrada.

14. Hacemos unos cortes transversales con un cuchillo y pintamos con aceite de oliva por encima.

15. Horneamos hasta que la coca esté dorada. Dejar enfriar y servir.

Flan de fresas

6 personas
Tiempo de elaboración: 20 minutos

INGREDIENTES

500 ml de leche de arroz

80 g de sirope de agave

40 g de harina de maíz

1 vaina de vainilla

36 fresas (6 por persona)

100 g de azúcar

1 cucharadita (por flan) de caramelo líquido

virutas de chocolate

1. **Hervimos la leche de arroz** con el sirope de agave y la vaina de vainilla (abierta por la mitad y sin las semillas).
2. **Incorporamos la harina** previamente diluida en un poco de agua y hervimos durante 3 minutos a fuego lento.
3. **Extendemos una capa de caramelo** en el fondo de 6 flaneras individuales.
4. **Introducimos la mezcla colada** en las flaneras y reservamos en frío durante 5 horas.
5. **Licuamos una docena de fresas,** añadimos el azúcar y llevamos a ebullición durante 3 minutos.
6. **Añadimos el sirope** por encima de las 24 fresas restantes y reservamos en frío.
7. **Desmoldamos los flanes** y servimos acompañados de unas cuantas fresas y virutas de chocolate previamente rallado.

Cupcake de té verde y sirope de arce

1. **En un bol mezclamos la harina,** la maicena, la sal, el polvo de hornear y el té matcha.

2. **Incorporamos el agua,** el sirope de arce, la vainilla y el aceite de girasol.

3. **Batimos la mezcla** hasta obtener una masa fina y homogénea.

4. **Introducimos la masa** resultante en 6 moldes de madalena y horneamos a 180°C hasta que los cupcakes estén listos. Pinchamos los bizcochos con un palillo de madera para comprobarlo.

5. **Dejamos enfriar** durante 3 horas en la nevera.

6. **En otro bol mezclamos la margarina,** el azúcar glas, el té verde y la leche.

7. **Batimos con fuerza** hasta que la crema no tenga grumos.

8. **Introducimos la crema** en una manga pastelera y decoramos cada madalena.

Notas del chef. Los cupcakes son unos pastelitos típicos de EE.UU. Después de su aparición en la serie "Sexo en Nueva York" se han hecho muy populares fuera de ese país. Estos pastelitos suelen decorarse de forma muy vistosa, con distintas capas de color, formas...

6 personas

Tiempo de elaboración: 45 minutos

INGREDIENTES

120 g de harina de trigo

30 g de maicena

1 cucharadita de polvo de hornear

½ cucharadita de sal

1 cucharada de té verde matcha

100 ml de agua

95 ml de sirope de arce

1 cucharadita de vainilla

90 ml de aceite de girasol

Para la crema:

60 g de margarina vegetal no hidrogenada

130 g de azúcar glas

½ cucharadita de té verde matcha

1 cucharada de leche de soja

Barquillos rellenos

Para 10-12 piezas

Tiempo elaboración:
25 minutos más el
tiempo de horneado

INGREDIENTES

120 g de dátiles

120 g de albaricoques
secos bio

1 cucharadita de canela
molida

1 cucharada de piel de
naranja rallada

media cucharada de
agua de azahar

50 g de margarina de
soja bio

6 hojas de pasta filo*

60 g de almendra molida

semillas de amapola

1. **Primero trituramos los dátiles,** los albaricoques, la piel de naranja, la canela y el agua de azahar hasta tener una pasta. Reservamos.

2. **Fundir la margarina** de soja al baño María.

3. **Extender una hoja de pasta filo** sobre la mesa y pincelar bien toda la superficie con un poco de margarina fundida. Cubrir con otra hoja de masa de modo que coincida perfectamente. Pincelar esta hoja y cubrir con otra. Ahora, cortamos rectángulos de 15x12.

4. **Tomamos un poquito del triturado** de dátiles, lo trabajamos alargándolo y rodándolo por la mesa hasta tener un rollito fino de 15 cm de largo. Lo espolvoreamos con almendra molida y lo colocamos a lo largo de uno de los laterales del rectángulo; enrollar para obtener rollitos de 15 cm de largo.

5. **Repetimos la operación** con el resto de rectángulos. Si hemos agotado los rectángulos, volver a pincelar con margarina 3 hojas de masa y volver a cortar rectángulos.

6. **Una vez acabado el relleno,** colocar todos los rollitos sobre una bandeja de horno tapizada con papel para hornear, pincelarlos con el resto de margarina fundida y espolvorear con semillas de amapola.

7. **Calentar el horno** a 180ºC. Colocar los rollitos en una bandeja tapizada con papel antiadherente y hornear hasta que estén dorados, aproximadamente unos 10 minutos.

Nuestro consejo. Puedes colocar los barquillos rellenos en un recipiente de cristal, en una caja bonita o en un recipiente metálico que quieras reciclar pintándolo a tu gusto.

Notas del chef. La masa o pasta filo se encuentra en la zona de refrigerados o congelados de algunos grandes supermercados o en algunas tiendas de productos italianos. Son láminas de masa superfinas que hacen que el preparado quede muy ligero y crujiente. Si no lo encuentras puede sustituirlo por masa de hojaldre o por tu receta favorita de masa integral fina.

Rollo strudel

Para 6 raciones

Tiempo elaboración: 15 minutos más el tiempo de horneado

INGREDIENTES:

6 hojas de pasta filo

3 manzanas

¼ taza de pasas

1 cucharada de canela

80 gramos de azúcar integral de caña

1 cucharada de pan rallado

3 cucharadas de azúcar glas

2 cucharadas de almendra molida

c/s aceite vegetal

1. **Cortar las 6 hojas de pasta filo** por la mitad y a lo largo de modo de obtener 12 láminas.

2. **Pelamos y cortamos las manzanas** en dados pequeños.

3. **En un bol colocar los dados de manzana,** las pasas, la canela, el azúcar y el pan y remover bien todo.

4. **Calentamos el horno** a 180°C.

5. **Con un pincel pintar con aceite** cada hoja de pasta filo y colocar un poco del relleno de manzana; enrollar. Hacer lo mismo con el resto de hojas de masa hasta completar 12 rollos.

6. **En un bol mezclar** la almendra y el azúcar y espolvorear la mezcla por encima de los rollos.

7. **Horneamos** durante 15 minutos o hasta que estén dorados. Retiramos del horno, dejamos enfriar y servimos.

Bibliografía

Carrión, Gloria. *Recetas veganas fáciles*. Ed. Arcopress.

Dahlke, Ruediger. *Alimentación vegana*. Ed. RBA.

De Alces, Delantal. *Repostería vegana*. Ed. Oberón.

Herp, Blanca, *Vegano fácil*. Ed. Robin Book.

Horta, Oscar. *Un paso adelante en defensa de los animales*. Ed. Plaza y Valdés.

Joy, Melanie. *Por qué amamos a los perros, nos comemos a los cerdos y nos vestimos con las vacas*. Ed. Plaza y Valdés.

Kohan, Laura. *Cocina vegana mediterránea*. Ed. RBA.

Martínez, Marta. *Guía para el vegano imperfecto*. Ed. Vergara.

Medvedovsky, Javier. *Espiritual chef*. Ed. Urano.

Nieto, Estela, e Iglesias, Iván. *Food & Soul*. Ed. Diversa.

Passola, Mercè y Viladevall, Edgard. *Cocina cruda creativa*. Ed. Océano.

Quin, Sue. *Mi primer libro de cocina vegana*. Ed. Lunwerg.

Rodríguez, Toni. *Delicias veganas*. Ed. Océano Ámbar.

Sukh, Prabhu. *Vegan Gourmet*. Ed. Urano.

Agradecimientos: Adriana Ortemberg, Toni Rodríguez, restaurant L'Hortet, restaurant Amaltea, Estudio Becky Lawton, Can Creixell, Josefina Montero, Montse Bradford, Mercè Passola, Christine Mayr, Carmen Méndez, Javier Medvedovsky, Jaume Rosselló, Adrián Geralnik, Xavier Gómez.

Otros títulos similares:

Yoga energético
Descubra su lado más espiritual a partir de estos sencillos ejercicios.

Bosques que sanan
El poder curativo de los árboles

Yoga con gatos
31 estiramientos de yoga inspirados por gatos. Estiramientos rápidos para cuerpo y mente.

Fitness con tu perro
Camina, corre, pedalea con tu perro, disfruta del deporte en común y hazle feliz.